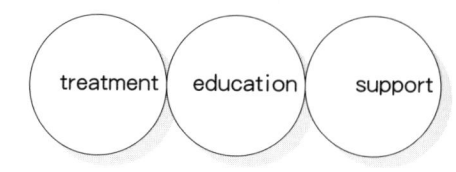

自閉症の人の自立をめざして

〜 ノースカロライナにおける TEACCH プログラムに学ぶ 〜

梅永 雄二 著

北樹出版

は じ め に

　「自閉症」は、その名称からあたかも「引きこもり」や「うつ」といった「心の病」と思う人が多いようです。実際、自閉症という障害が報告された1943年以降、専門家たちも自閉症を情緒障害と捉え、情緒に焦点をあてる遊戯療法を行っていました。

　しかしながら、脳の損傷による発達障害の一種であることがわかり、感覚統合訓練や応用行動分析などさまざまな治療法、指導法が広がってきました。ところがどの療法も自閉症そのものを治す、治療するといった発想から抜け出すことはできませんでした。

　そんな中、「自閉症は自閉症のままでかまわない」、環境を自閉症の特性に合わせることによって自立、社会参加を促そうという試みが米国ノースカロライナ州で始まりました。

　そのプログラムのことを TEACCH（Treatment and Education of Autistic and related Communication handicapped CHildren）といい、幼児期から成人期にいたるまでの一貫したサポートを行っています。

　著者は、このプログラムを学ぶために2006年の夏から１年間ノースカロライナ州アッシュビルの TEACCH センターでインターンとして研修を受けることができました。

　本書は、その１年間のインターン生活において学んだことをまとめたものです。

　自閉症とはどのような障害で、どのような支援が有効なのかといった基礎的な情報から、自閉症の診断・評価、家庭支援や学校コンサルテーション、就労および居住支援、そして余暇活動にいたるまで、TEACCH が実施している一生涯にわたる総合的サポートについて写真を交えてわかりやすくお伝

えしました。

　わが国も平成17年度に施行された「発達障害者支援法」および平成19年度から始まった「特別支援教育」等において、徐々に自閉症の理解が進んできていますが、具体的支援はこれからです。

　本書が、自閉症の人たちに関わる保護者、教師、施設職員およびジョブコーチたちにとって、ノースカロライナのように自閉症の人たちが地域で普通に暮らせるようなサポートを行う上での参考になれば、著者として大変嬉しく思います。

　最後になりましたが、北樹出版の福田氏には無理を言って本書の出版をお願いしたにもかかわらず、快くお引き受けいただき、そのために多大なるご負担をおかけしたことに心より感謝の意を述べさせていただきます。

　どうも有り難うございました。

目　次

はじめに
第1章　ノースカロライナ州の自閉症サポートと
　　　　　　　TEACCH プログラム ……………………………………… *11*
　　1　TEACCH プログラムとは　*11*
　　2　TEACCH における自閉症の捉え方　*13*
　　　　　（1）「構造化」による指導　（2）自閉症の社会性
　　　　　（3）コミュニケーション　（4）こだわり行動
　　　　　（5）認知の問題──考えること、学習すること
　　　　　（6）組織化と連続性　（7）感覚や知覚の問題
　　3　TEACCH センターの業務　*16*
　　　　　地域センター
第2章　診断・評価 ……………………………………………………… *25*
　　1　CARS　*25*
　　2　PEP　*27*
　　3　TTAP　*28*
第3章　就学前支援 ……………………………………………………… *33*
　　1　家庭支援　*33*
　　2　プリスクール　*34*
第4章　学校コンサルテーション ……………………………………… *37*
　　1　小学校　*37*
　　　　　（1）フェアビュー小学校

5

　　　　（2）ジョンズ小学校　（3）アッシュビルカソリッ
　　　　クスクール
　　2　アッシュビル中学校　*49*
　　3　高　　　校　*54*
　　　　（1）ジャクソン高校　（2）アッシュビル高校

第5章　就労支援 …………………………………………… *61*
　　1　チャペルヒルTEACCHセンター　*63*
　　　　（1）モービルクルー　（2）標準モデル
　　2　グリーンズボロ　*67*
　　　　（1）標準モデル　（2）モービルクルー
　　3　アッシュビル　*69*

第6章　居住支援 …………………………………………… *73*
　　1　アッシュビルのグループホーム　*73*
　　　　（1）モントフォードグループホーム　（2）フェア
　　　　ビューグループホーム
　　2　アルバマールのグループホームとカロライナファーム　*77*

第7章　余暇支援 …………………………………………… *83*
　　1　WNC（ウェスト・ノースカロライナ）ランニング／ウォーキング　*83*
　　2　ピクニック　*85*
　　3　サマーキャンプ　*85*
　　4　オールド・フレンズ　*95*

第8章　研　　　修 …………………………………………… *97*
　　1　地域センターにおけるワークショップ　*97*
　　　　（1）高機能自閉症／アスペルガー症候群のワーク

　　　　　ショップ　(2) ソーシャル・ストーリーズワーク
　　　　　ショップ　(3) 援助つき就労ワークショップ
　　2　5デイズ・トレーニング (5days Training)　*99*
　　3　ウィンター・インサービス　*100*
　　4　メイ・カンファレンスとインターナショナル・インサービス
　　　　　　　　　　　　　　　　　　　　　　　　　　103

第9章　そ の 他 …………………………………………… *105*

　　1　権 利 擁 護　*105*
　　2　研究（早期診断、新しい検査ツールの開発）　*106*
　　3　研修生の受け入れ（長期、短期）　*106*
　　4　自閉症協会（親の会）　*107*

第10章　自閉症の人の支援に関するノースカロライナに学ぶ点
　　　　　…………………………………………………………… *111*

　　1　診　　断　*111*
　　2　発達障害者手帳　*111*
　　3　学 校 教 育　*112*
　　4　就 労 支 援　*113*
　　5　居 住 支 援　*114*
　　6　余 暇 支 援　*114*
　　7　生 活 支 援　*115*

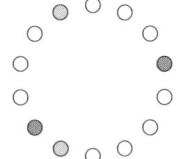

自閉症の人の自立をめざして
～ノースカロライナにおける TEACCH プログラムに学ぶ～

Chapter 1
ノースカロライナ州の自閉症サポートとTEACCHプログラム

＊ ＊ ＊ ＊ ＊ ＊ ＊

　ノースカロライナにおける自閉症の人のサポートは、今から40年以上も前に自閉症のお子さんを持つ保護者が州議会に訴えたことが始まりだといわれています。その頃ノースカロライナ大学で自閉症児の実践的研究を行っていたエリック・ショプラー博士が1964年にTEACCHプログラムのベースとなる自閉症の治療教育を始めたため、親の会・州政府・ノースカロライナ大学の連携のもと1972年に州の制度として自閉症の支援が公にTEACCHプログラムとして始まりました。

1　TEACCHプログラムとは

　TEACCHとは、Treatment and Education of Autistic and related Communication handicapped CHildrenの頭文字をつなげたもので、ノースカロライナ州で実施されている自閉症の人に対する早期の診断から成人期の居住や就労、余暇支援にいたる包括的なサポートプログラムのことを意味します。
　TEACCH部はノースカロライナ大学医学部精神科に属しており、診断・評価、治療・教育、学校コンサルテーション、就労支援、ワークショップ・トレーニングなどを提供しています。

また、TEACCH部では大きく臨床部門と研究部門に分かれており、臨床部門では州内に９つの地域センターを設置しており、地域センターでは診断・評価はもちろんのこと、成人期に達した自閉症者の居住や就労訓練、小さい自閉症児のための就学前の家庭支援、学校に入った後の学校コンサルテーション、そして州全体にわたって実施されているジョブコーチという援助がついた就労などが実施されています。

　TEACCHプログラムの目標は、「自閉症の人たちが地域でできるだけ自立して生活できるように、能力を最大限に引き出すこと」であり、その結果「自閉症の人とその家族を生まれたときから死ぬまで一生涯サポートする」ということです。

　このような支援によって、約840万のノースカロライナ人口の中で毎年500人以上の子どもが自閉症と診断され、2,000人以上の自閉症者へのサポートが実施されているわけです。

　TEACCH部では、ノースカロライナ大学の大学生および大学院生の授業実習や現職教員の研修なども積極的に行っています。研修は単なる講義中心のものではなく、実際に自閉症児者と関わることによって、実践的な支援技法を学びます。今までに約400人の教師が受講し、世界中から2,500人もの人たちが学んでいきました。

　もう１つのTEACCHの機能は研究です。臨床的な長期の研究から、自閉症を診断するための検査であるCARS、学校においてこれからの指導内容を決めていくIEP（個別教育計画）策定のための検査であるPEP、学校卒業後の社会参加の指針とするための検査TTAPなど、多くの研究成果からさまざまなアセスメントを生み出しただけではなく、神経発達、遺伝学、薬学、磁気共鳴、脳の発達、疫学などの研究により、全米50州だけではなく、30を越す海外の国々にも影響を与えています。

　また、TEACCHでは、保護者の意見をとても大切にします。なぜなら自閉

症の子どもと一番長くつきあっているのは保護者であり、一番子どものことを知っているからです。よって、保護者を専門家の1人として尊重し、保護者からの情報収集にとても長い時間をかけます。そして、セラピストと保護者が互いに協力し合って、自閉症児に適したサポートを提供します。

2　TEACCHにおける自閉症の捉え方

　TEACCHプログラムでは、自閉症を障害として捉えることはしません。自閉症の人たちは異なった感じ方、異なった理解の仕方をするものと捉えています。それは、あたかもそれぞれの国にそれぞれの文化があるように、「自閉症の文化」と呼んでいます。よって、自閉症の人のマイナス面を見るのではなく、彼らの長所や興味に焦点を当てて支援を行っています。

　つまり、自閉症者本人を治療しよう、変えようというのではなく、自閉症の人に合った環境を構築することにより、自閉症の人の社会適応を促す方法論をとっています。これを「構造化」といいます。

（1）「構造化」による指導

　「構造化」による指導を行う理由は、自閉症児者に、①混乱を減少させ、②自立した行動を増やし、③問題行動をなくし、④柔軟性を広げていくためです。

　自閉症は脳機能が侵されているために生じる発達障害であり、早期に生じます。そのため、「他の人たちと社会的な関わりを持つことが困難」であったり、「コミュニケーションに問題」があったり、「急な変化への対応ができない、独特のこだわり行動」を持っていたりします。つまり、健常と呼ばれている人たちとは異なった考え方、学習の仕方を持っているのです。

（2）自閉症の社会性

　自閉症はいわゆる3つ組で定義されていますが、その1つが社会性の問題です。「他人と相互に関わることが難しい」「ジョイントアテンション（共同注視）、すなわち一緒に物を見ることが困難」「目を合わせなかったり、平坦で不適切な感情表現をすることがある」「他人の立場に立って物を考えることができない」「遊びが限定している」「社会的な関わり方ができない」「社会ルールを守れない」「模倣ができない」などです。

　以上のことは、われわれとは異なる見方、考え方で説明可能です。

　「モチベーション（意欲）が異なる」「模倣をしようとしない」ということは、具体的・視覚的に社会ルールを構築する、つまり視覚的に構造化して理解させる必要があるわけです。また、「他人の表情を見て感情を判断することができない」という問題に対しては、視覚的な手がかりを使って社会的な行動を教える必要があります。

（3）コミュニケーション

　3つ組の2つ目であるコミュニケーションに関しては、「文脈に基づいて理解することができない」「自分のニーズを示したり、望まないことを拒否したりすることができない」、話しことばのある自閉症の場合は「話題が限られている」「話を続けられない」「質問ばかりする」などの問題があります。これらのコミュニケーションの問題を解決するためには、視覚的に構造化した場面を作ったり、決まりきったパターンで学習することができます。指示にしたがえなかった場合は、その指示の意味が理解できなかったことも考えられます。

　話題が限られている場合は、話す話題について視覚的なリストを使って提供してもいいし、情報を処理するために多くの時間を費やしてもいいでしょう。質問に答えさせる場合には、言語的な情報に視覚的情報を加えてもいい

かもしれません。

(4) こだわり行動

3つ組の3番目は「こだわり行動」です。

自閉症児はたやすく混乱に陥ることがあります。それは、環境が変化したりいつものパターンを覆されたりした場合に頻繁に生じます。また、自由時間というのも彼らには理解しがたいものであり、混乱することがあります。儀式的な行動に集中したり、強迫的な行動をする自閉症児もいます。

これらの支援には見通しを持たせる必要があります。たとえば、理解しやすく決まりきったパターンを利用し、徐々に変化に慣れさせるわけです。彼らは「遊び」よりも「ワーク(何らかの作業)」のほうがたやすく学習できることがあります。よって、ワークスキルを伸ばすことにより、種々の問題行動を制御したり、衝動的な行動が生じる場合には逃げ道(カームダウンエリア:自分ひとりで落ち着ける場所)などを設定してあげることも必要です。

(5) 認知の問題——考えること、学習すること

自閉症の人の中には「原因と結果をうまく結びつけることができない」人がいます。細かいところに集中したり、適切と不適切の区別、抽象的なことと具体的なことの区別がつかなかったり、般化(応用)ができない場合が多々あります。思いこみが激しく、どれを選んだらいいかわからない、また時間の概念を理解できないなどの認知上の問題を数多く抱えています。これは、発達のバランスに偏りがあるからだといわれています。

これらの問題を解決するためには、彼らの視覚的な強さを利用することが望ましいわけです。その視覚的な強さを使うことにより、自ら判断しなければならない問題が出てきた場合に、容易に判断できる方略を教えることができるのです。

（6）組織化と連続性

　多くの自閉症の人は、どこから始めていいのかわからない、次に何をしたらいいのかわからない（移行、移動の問題）、注意を集中したり、注意を他のものに向けることができない、指示待ち状態になってしまう、終わりの概念がわからないなどの問題を所持しています。

　よって、これらの問題も視覚的な強さを使うことによって体系的に教えていくことができます。重要な情報をハイライト（目立たせる）したり、終わりの概念を視覚的に具体的に指示することが必要になるわけです。

（7）感覚や知覚の問題

　自閉症の人はまた、視覚、聴覚、触覚、味覚、嗅覚、痛覚、温覚、冷覚などの感覚刺激に敏感だったり、逆に鈍感だったりすることがあります。

　また、注意が散漫になったり、たやすく刺激に反応することもあります。

　これらの問題に対しても視覚的手がかりを使い、できるだけことばを使うことを減らすことによって理解しやすくなります。

3　TEACCHセンターの業務

地域センター

　ノースカロライナ州におけるTEACCHの地域センターは、チャペルヒルを中心に東のグリービルから西のアッシュビルまで9箇所が設置されており、それぞれのセンターで、診断・評価、家庭支援、学校コンサルテーション、居住や就労支援などを実施しています。その対象は年齢にかかわらず、また重度の知的障害を伴う人から高機能・アスペルガー症候群まで利用者を主体としたサービスが提供されます。

　アッシュビルTEACCHセンターでは、ディレクター（センター長）を中心

に6人のセラピストと1人の家庭支援担当者、および2人の事務担当者の合計9人のメンバーで運営されています。センター内の設備としては、セラピストの各部屋以外にカウンセリングルーム（相談室）、セッションルーム（指導室）、その隣にワンサイドミラーが設置してあるオブザベーションルーム（観察室）、トレーニングルーム（研修室）などがあります。

TEACCHセンター内におけるメインの業務は診断とアセスメント、およびカウンセリングです。診断では自閉症であるか否かを見極めるものであり、アセスメントはその後の支援方策を検討するための資料とするのに必要となります。

そして、カウンセリングでは家庭での指導法や学校、地域での活動についてのアドバイスを行います。

【写真1　TEACCHセンターのオブザベーションルーム（観察室）】

先に述べたように、自閉症の人たちは以下のような特性を持っています。
　①視覚的な刺激で学習する。
　②小さなところ（詳細な部分）に目が行ってしまう。
　③さまざまな観点から物を観ることが難しい。
　④時間の概念を理解することが難しい。
　⑤組織化することが難しい。
　⑥感覚が敏感である。

よって、まずは彼らの特性を知ることから始まります。これがアセスメントです。アセスメントでは、何かを教える際に「できるところ」と「できな

いところ」以外に、完全ではないが一部ならできるという、いわゆる「芽生え反応」のところを特定します。次に、意味があるもの、実際に機能できるものを教えます。たとえば、自閉症児の中にはコミュニケーションに問題を持っている人が多いのですが、言葉がない人の場合では、言葉を教えるのではなくコミュニケーションを教えます。さらに、「構造化」されて獲得したスキルを応用していけるように広げていきます。

以下にセンター内で実施される診断や評価、カウンセリングの具体例を紹介します。

具体例1）

50歳のアスペルガー症候群のスティーブは、カウンセリングルームでTEACCHセンターのセラピストから2時間半ほどのカウンセリングを受けました。

スティーブの主訴は現在何もしていないので、就職したいというものでした。

スティーブは最初、静かにゆっくりと話していたのですが、セラピストに過去のことを聞かれるうちに、小学校時代にいじめられたことを思い出すと興奮してきて、声も荒げてしゃべり始めました。

50歳という年齢の件もあり、就職はなかなか難しいとは思いますが、来週も相談の時間を設け、徐々によりよい道を探していくことになりました。

具体例2）

ハンターという4歳の男の子の相談。髪の毛が長く、顔立ちも整っていたので最初はてっきり女の子だと思っていました。ところが、髪の毛を切られるのがいや（触覚刺激に敏感）なために伸ばし続けているということがわかりました。

1人のセラピストが保護者と相談している間、もう1人のセラピストがワンサイドミラー越しにアセスメントを実施しようとしたところ、お母さんの顔が見えなくなったとたん、泣き始めました。
　しかし、セラピストはトイ・ストーリーのDVDを使って、巧みにハンターの心を掴んでしまいました。DVDはゲームになっており、ハンターは途中から笑顔も出てきて、別れ際には「グッバイ！」と手も振るようになりました。
　このような遊びの行動観察をすることは、保護者からの情報などを含めて「インフォーマルアセスメント」といわれており、知能検査のような定まった形のあるものは「フォーマルアセスメント」と呼ばれています。
　ハンターはそれらのアセスメントの結果から、自閉症と診断されました。

　具体例3）
　8歳のルイスという男の子については、ディレクターとセラピストが保護者からルイスの情報を聞き、その後セラピストが母親と話している間にディレクターがセッションルームでルイスと遊びながら検査を実施しました。
　ルイスは学校で友達を殴り、先生に叱られると今度は先生のお腹をなぐるなど衝動性が強く、家庭でもクローゼットやトイレを散らかし、特別支援学級に在籍しています。
　ルイスはオモチャ中心の検査の中でも転導性（注意散漫）が高く、なかなか集中できない状況でした。
　ルイスは学校の先生から自閉症ではないかと言われTEACCHセンターを紹介されたそうです。
　しかし、ルイスは自閉症ではなくADHD（注意欠陥多動性障害）と診断されました。

具体例４）

　ナタリーという16歳の女の子は小学校２年生の時に学校から診断を受けてみてはどうかと言われたのですが、両親は子どもに障害があると認められずホームティーチング（学校に通わず自宅に教師が巡回する訪問教育）を受けることになりました。

　しかし、両親は今後の将来のことが不安で相談に来たとのことでした。

　ナタリーは、テレビのコメディが好きなのですが、人とのコミュニケーションが十分にはできません。また強迫性障害を所有しています。さらに、他人に対する意識が希薄なため、男性の前でもブラジャーを調整するために、平気で服を脱ぐことがあります。

　検査中、いすに座ったまま軽いロッキング（身体を前後に揺らす行動）があり、積木を並べる課題では理解できずミスを生じていました。

　IQは80以上と高いのですが、ファミリーレストランなどでトイレに行く際に他人が話している間を平気で通っていくなど社会性がないため、高機能自閉症と診断されました。

具体例５）

　生後１歳半のベイという女の子は、まだよちよち歩きのなので一見しただけではどこが障害なのかわからず、保護者に確認したところ、以下のような特徴から自閉症ではないかと思ったそうです。

・ことばがなかなか出ない。
・あやしても決して笑わない。
・天井を見ながら笑うときがある。
・目が合わない。
・手を裏返しにしてじっと見ることがある。
・お腹が空いたときは、手を合わせるというサイン言語を用いる。

・両手を頭の上に持っていき、指を合わせようとする。
・手をひらひらさせることがある。

以上のことから、医者に連れて行ったところ自閉症と診断されたそうです。

しかし、TEACCHセンターでは自閉的な傾向を有しているものの、まだ1歳半であるため、早急に判断を下すことはせず、継続的に関わっていくことによって詳細な情報を得た後に診断を下すという考えを示しました。

具体例6）

ジェイクという3歳の男の子は、母親だけではなく、彼と関わっている言語療法士、発達障害スペシャリストの4人で来所しました。

ジェイクの要求言語は両手を体の前で合わせるしぐさで、これでmore「もっともっと」という意味を示しているのだそうです。

セラピストの1人がパソコンを使ってゲームを始めると、声を出して喜び、椅子から転げ落ちることもありましたが、泣くことはありませんでした。

しかし、パソコンの画面だけではなく、周辺機器の電気やコンセントなど詳細なところに興味を示し、それらを触り続けていました。

指導セッションでは、具体物（プラスチック製の赤いチップ）を渡すことにより、そのチップを入れるおもちゃの場所がわかるようにトランジッション（移動）を教えました。

また、ミニカーが好きなので、ミニカーで遊ぶ場合にはミニカーそのものを渡してミニカーの置いてある場所へ移動スキルを指導しました。

今回、母親だけではなく言語療法士や発達障害スペシャリスト等の専門家も訪れたのは、彼らに対しても移動のさせ方（トランジッション）を教えるためでした。

ジェイクの場合は具体物（ミニカー、チップ、トンカチのおもちゃなど）を渡すことによって、次に何をすべきなのかがわかるため、スムーズに移動で

きる様子を他の専門家たちにも伝えることができました。

このように、学校の教師をはじめとするさまざまな専門家に対しても構造化による支援技法を伝えることもあります。

具体例7）

11歳のマークという男の子が母親と一緒に来所しました。

医者からはアスペルガー症候群かADHDの疑いがあると診断されたとのことでした。

マークはポケモンや遊戯王カードを沢山所持しており、セラピストに見せたりしました。

セラピストは、遊びから次の課題へ移動させる場合に、文字で書かれたスケジュールを提示し、次に何があるかを伝えました。マークはよくしゃべる子で、検査には文字を囲むゲームや文章完成問題（私は〜が知りたい、私は〜が好きじゃない）などを行いました。

彼は他の子どもたちの騒ぐ声や音が苦手で、学校では通級学級に通っており、2歳下の弟のこともうるさいと感じているとのことでした。

ことばは豊富だけれど、busy（忙しい）やpride（誇り）などの単語のつづりがわからず、読みの障害も重複しており、彼自身も読むのが嫌いと言っていました。

セラピストとは、番号の書いてあるカードをお互いにめくり、その番号の魚を釣るという遊びを行いましたが、このように相互の関わり、お互いの順番を待つこともできるため、自閉というよりはむしろLD（学習障害）とも考えられました。

彼はまたひとりで遊ぶこと（ままごと）ができ、セラピストにオモチャの目玉焼きやホットドッグ、お水をあげたりすることもできました。さらに、バトルシップという交互に敵の陣地を攻めていく遊びも行い、コミュニケー

ション、社会性ともに典型的な自閉とは異なる状況でした。

ただ、構造化、とりわけスケジュールは彼にも有効なようで、文字に書かれたスケジュールにしたがって行動していました。

以上の結果からセラピストはマークを ADHD と診断しました。

具体例8）

ジェシーという8歳の男の子の今後の指針についての相談でした。

ジェシーは、7歳から特別支援学級で学んでいます。知能検査では、IQ：43、CARS という自閉症のための診断検査では42（30以上が自閉症）となっており、中度の知的障害のある重度の自閉症という診断がなされています。

友達はおらず、物にこだわりがあり、化粧ビンのようなものを常に持ち歩き、また雑誌にこだわりを示していました。話しことばは少なく、母親にべったり状態。おもちゃは適切な遊び方ではなく、顔の前でくるくると回すしぐさが見られました。また、ミニカーなどをただ単に机上に並べるだけで、セラピストの方を見ようとすることはありませんでした。セラピストが一度身体を抱っこしようとしたとき、すぐに避ける仕草が見られました。

セラピストは絵によるスケジュール（遊び→先生とお勉強→お菓子→先生とお勉強→コンピューターゲーム）を示し、セッションを行いました。

課題では、「型はめ」や「線、円、三角、四角などを描く模倣」をさせたところ、四角は難しくセラピストが点を4箇所打つことによりその上をなぞることができました。

セラピストの質問に対しては答えられず、「馬のことを豚」と言ったり、「J」という文字や「チョウチョ」の絵がわからず、赤いトラックを要求されても他の車を渡すなど知的なハンデイが伺えました。母親によると ADHD と診断されたこともあるとのことですが、センターでは自閉症と診断されました。

セラピストの今後の指針は、寝る時間などを示すためにシンプルで視覚的

第1章　ノースカロライナ州の自閉症サポートと TEACCH プログラム　23

なスケジュールを作ること。こだわりがあって一度壊したことのあるビデオゲームをやらせてみること。その際にタイマーやベル、幕などを使って、「終わりの概念」を教えることなどを指導しました。

　また、セラピストは彼に職業スキルを教えることもコメントしていました。

診断・評価

＊ ＊ ＊ ＊ ＊ ＊

　TEACCHセンターでは保護者や学校からの情報や行動観察などのインフォーマルなアセスメントと次に示すさまざまな検査器具によるフォーマルなアセスメントを行うことにより、自閉症の診断を行ったり、その後の具体的指導・支援の方法を提供しています。
　TEACCHでは、この診断・評価をとても重要視しており、長い時間をかけて行います。

1　CARS

　CARSとはChildhood Autism Rating Scaleの略で、「小児自閉症評定尺度」と訳されています。
　表に示されるような、15項目の尺度が構成されており、1点から4点（その間に0.5点の中間点が設けられている）で採点し、その合計点によって自閉症か否かを診断します。
　現在、ノースカロライナではCARSの高機能自閉症／アスペルガー症候群版（CARS-HF）が作成されており、IQ値80以上の子どもが対象となっています。CARS-HF（High Function）では、以下のような点が変更されています。

25

表1　CARSの項目

人との関係	親、兄弟、他人と相互にやりとりができるような状況において、どのような対人関係をとっているかを評価する。
模倣	ことばの模倣と、ことばによらない行動の両方の模倣について評価する。
情緒反応	楽しい場面と楽しくない場面の両方を設定して、子どもがどのような反応を示すかを評価する。
身体の使い方	奇妙な身体の動かし方をしていないかどうかを評価する。
物の扱い方	おもちゃなどの物に示す興味（関心）、およびそれらの扱い方を評定する。
変化への適応	パターン化された活動を変化させた場合、スムーズに変化に適応できるか否かを評価する。
視覚による反応	物を見る際に、奇妙な見方をしているかどうかを評価する。
聴覚による反応	いろいろな音に対し、敏感に反応したり、あるいは逆に無反応であったりするような、異常な反応の仕方を評価する。
味覚・嗅覚・触覚反応とその使い方	味覚、嗅覚、触覚などの感覚刺激に対する反応の異常さを評定する。
恐れや不安	ちょっとしたことに過剰に恐れを示したり、逆に一般的に恐れが出現するような場合でも、恐れを示さないことがあるかなどを評価する。
言語性のコミュニケーション	話しことばのやりとりの中で、あらゆることばの使い方を評価する。
非言語性のコミュニケーション	顔の表情、姿勢、ジェスチャー、身体の動きなどの、ことばを用いないコミュニケーションの状況を評価する。
活動水準	自由に活動できる場面と、制約された場面の両方でどのような活動を行うかを評価する。
知的機能の水準とバランス	知的機能に遅れがあるかどうか、また知的能力にバラツキがあるかどうかを評価する。
全体的な印象	検査者の主観に基づいた子どもの全体的な(自閉症レベル)の印象を評価する。

（佐々木正美訳、2004を一部修正）

　従来のCARSでは「情緒反応」と言っていた項目が「社会─情緒の理解」へ、

「物の扱い方」が「遊びの中での物の扱い方」へ、そして「変化への適応」が「変化への適応／限定された興味」と変更されました。

また、従来のCARSにはなかった「情緒表現と情緒の統制」「思考／認知統合スキル」が追加され、従来のCARSにあった「模倣」が割愛されました。

各項目のタイトルは同じ、あるいは似たようなものであっても中身はかなり高機能自閉症／アスペルガー症候群に対するものに変更されているため、タイトルにもCARSに加え"高機能研究評価シート"と書かれており、サブタイトルには、「IQが80以上で、流暢にしゃべることができる子どもおよび大人のために」と書かれているように、子どもだけではなくその対象が成人にも広がっています。

2　PEP

PEPとはPsycho-Educational Profileの略で、わが国では「自閉児・発達障害児教育診断検査」と訳されています。現在第3版（PEP-3）が使用されています。

PEPは、学校へ進んだ後のIEP（個別教育計画）を策定するための資料として使用されます。

対象児の年齢は、生後7ヶ月～81ヶ月（6歳11ヶ月）の乳幼児（認知スキルが平均以下の場合は7歳以上でも実施できる）で、発達尺度として「認知言語」「表出言語」「受容言語」「微細運動」「粗大運動」「視覚―運動模倣」といった6領域の発達スキルと「感情表現」「社会的相互関係」「特徴的な運動行動」「特徴的な言語行動」といった4領域の適応行動スキルにおいて172の検査項目が設定されています。

さらに、保護者等からの聞き取りによる「問題行動」「自己管理」「適応行動」などの下位検査も設けられています。

TEACCHにおける検査の中で、次に示すTTAPもそうですが、自閉症の特徴を考慮された検査となっているため、ことばによるコミュニケーションがとれない子どもでも検査ができるように設定されています。

表2　PEPの特徴

3段階評価方法の採用	「合格」「不合格」の間に「芽生え反応」を設定しており、それぞれ「合格」を2点、「芽生え反応」を1点、「不合格」を0点と採点する。 「芽生え反応」とは、もう少しで合格できそうな課題や検査者からヒントや手助けをもらえばできる課題に対して採点され、今後指導を行う目標として設定される。
言語性検査項目の軽減	従来の検査ではことばを必要とするものが多かったが、PEPではことばに依存しない検査項目が多い。
検査手続きの柔軟性	子どもの様子や状態に応じて、検査の順番を自由に変えることができる。また、子どもに支援を取り入れた状態で検査を行うことができる。 制限時間がないため、子どもの状態に応じて、すぐに検査を中止してもよい。

3　TTAP

　PEPが小学校に入る前の乳幼児のための検査、すなわち家庭や幼稚園等から小学校への移行のためのアセスメントであったのに対し、TTAPは学校から地域での成人生活への移行のためのアセスメントです。TTAPとは、TEACCH Transition Assessment Profileの頭文字をとった略称で、「TEACCH移行アセスメントプロフィール」のことを意味します。

　TTAPは、自閉症スペクトラムの生徒たちが学校を卒業後、社会に参加する上で必要な教育サービスを提供するためのITP（Individual Transition Plan：個別移行計画）を策定するために使われるアセスメントです。

　今から20年ほど前にAAPEP（Adolescent and Adult Psycho-Educational Profile：青年期成人期の心理教育プロフィール）というのが開発され、TTAPは

その改訂版となっていますが、高機能自閉症／アスペルガー症候群の生徒にも該当するように作られているので（名前をあえて **AAPEP-R** にしなかったように）まったく新しいアセスメントと考えていいでしょう。

AAPEP と同様に、アセスメントの領域は「職業スキル」「職業行動」「自立機能」「余暇スキル」「機能的コミュニケーション」「対人行動」となっており、それぞれの領域において「直接観察尺度」のほかに「家庭尺度」「学校／作業所尺度」でアセスメントを行い、採点基準も従来どおりの「合格」「芽生え反応」「不合格」の３基準となっています。

「職業スキル」を例にとると、以下のような下位検査項目で、「合格」「芽生え反応」「不合格」を採点します。

　　①仕分け作業
　　②組立作業
　　③マッチング作業
　　④簡単な機械操作
　　⑤異なったサイズのものをまとめる作業
　　⑥測定作業
　　⑦箱詰め作業
　　⑧自分の持ち場をきれいにする作業
　　⑨回収作業
　　⑩移動・運搬作業

たとえば、⑦の箱詰め作業では、お菓子のケースや食料品を箱詰めする際に、隙間なく下からきちんと積み重ねることができたら「合格」。積み過ぎたり、逆に少なかったりすると「芽生え反応」。箱詰めする際に頻繁にこぼしたり、過剰に詰め込みすぎたり、極端に少なすぎたりすると「不合格」と

なっています。

「職業行動」では、以下の項目等で評価を行います。

①作業に従事している時間

②作業の効率

③ミスの割合

④作業中の集中力

⑤規則遵守

⑥ほかの人たちと距離感を保った作業

⑦上司との関係

⑧仕事をする上での作業指示書の確認

⑨複数の仕事へのスムーズな移動

⑩次の仕事へ移る際の行動

⑪言語や視覚的指示に対する反応

⑫パターン化した仕事が変化したときの対応

この中で、①の「作業に従事している時間」では、以前に習得した作業（パッキングや組立など）に30分以上集中して作業に従事していれば「合格」、30分未満だが少なくとも5分以上集中できていれば「芽生え反応」、集中して仕事をする時間が5分未満であれば「不合格」となります。

TTAPは学校教育における卒業後の成人生活への「移行計画：ITP」がベースとなっているため、この「芽生え反応」のところを指導し、「合格」の水準に達するこ

【写真2　標識の理解度を見るTTAP教材】

とを目標にします。

　しかしながら、作業所尺度があるように、その移行という意味は「学校から成人生活への移行」の意味だけではなく、「施設から就労への移行」の意味も含まれているものと考えます。

　この点で、わが国の施設・作業所における「就労移行支援事業」などでのアセスメントとしても有効だと思われます。

　TTAPは、高機能自閉症／アスペルガー症候群のためのスキルを含むことになったことと、実際の職場や生活場面に即した地域に根付いたアセスメントになっているのが特徴とのことでした。

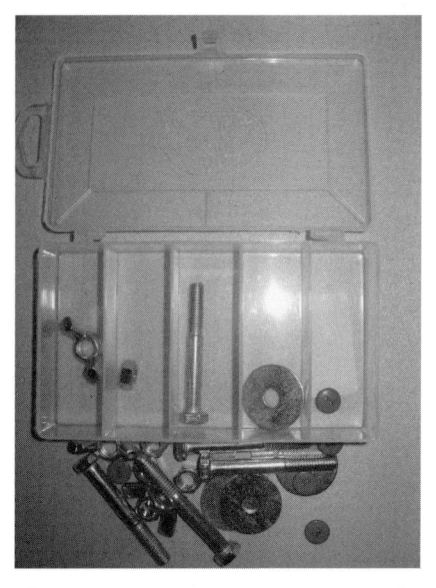

【写真3　同じ部品を分類するTTAP教材】

Chapter 3

就学前支援

* * * * * * *

　乳幼児期の2歳から3歳くらいで自閉症と診断されたとしても、そのときの保護者は混乱してしまい、何をどうしていいのかまったくわからない状況だと思われます。よって、学校に入る前の段階でもTEACCHでは早期介入サービスというものを実施しており、家庭やプリスクールにおけるコンサルテーションがなされています。

1　家庭支援

　TEACCHセンターでは、自閉症の早期診断にも力を入れており、診断された自閉症幼児の家庭支援サービスを行っています。
　具体的には、非常勤の家庭支援担当者がTEACCHセンターセラピストのスーパーヴァイズのもと家庭に出向いて保護者に対して家庭での構造化のアイデアをサポートします。期間は週1回12週間ですが、子育てをし始めたばかりの若いお母さん方にとっては、メンタルヘルスの面も含めてとても役に立っています。家庭内で構造化による支援が、その後のプリスクールへ移行するためのインフォーマルアセスメントにもつながり、初めての集団生活となるプリスクールでの混乱を最小限に防ぐことができています。

2　プリスクール

　就学前というとわが国では幼稚園、保育園での教育・保育が中心だと思いますが、幼稚園と訳されているキンダーガーテンは、小学校内に設置されているところが多く、その内容も小学校に入るための準備段階のような情況を呈しているため、わが国の幼稚園とは若干異なるものと思います。

　わが国の幼稚園・保育園に近いかたちのものに、プリスクールという2、3歳から5、6歳までの幼児が通うところがあります。

　チャペルヒルの自閉症センター内に設置されているプリスクールでは、写真4のようにパーテーションで仕切られ、構造化された教室となっています。

【写真4　プリスクールの教室内】

　園児のプリスクールでのスケジュールは、写真5のように自閉症幼児が好きな絵をトランジッションエリアに貼ることにより、幼児の興味を引くように作られています。

　TEACCHプログラムでは、「遊びは課題」「課題は遊び」あるいは「課題は遊びよりも容易である」ということをよくいわれます。

よって、幼児であろうとも本人にマッチした課題が与えられます。写真6は動物の頭文字のマッチング課題ですが、ワニならアリゲーターのAを、熊ならベアのB、猫ならキャットのCを探し、マジックテープでマッチングさせます。

　また、写真7では、箱の色と同じ色の物を探し、箱の中に入れるという課題になっています（プットイン課題）。

　どちらも容易な課題ですが、幼児期から机に向かって何かの課題を行うことにより、学校における学習や将来的な就労自立にも役に立つのです。

【写真5　トーマスの絵が貼られたスケジュール】

第3章　就学前支援　35

【写真6　アルファベットのマッチング課題】

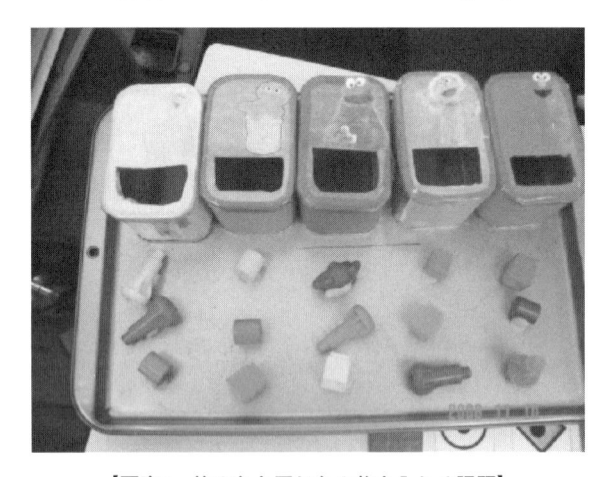

【写真7　箱の色と同じ色の物を入れる課題】

Chapter 4 学校コンサルテーション

* * * * * * *

　学校は、日本と同じように小・中学校は義務教育ですが、高校も無償で授業が提供され進学率も高いため、ほぼ義務教育に近いかたちとなっています。
　また、教育形態は州によって異なるだけではなく、州内でも学校区によって異なる場合があるため、本報告ではアッシュビルを含むバンカム郡の学校について紹介させていただきます。

1　小　学　校

　小学校はアッシュビル内にある公立のフェアビュー小学校とジョンズ小学校および私立のアッシュビルカソリックスクールを紹介します。

（1）フェアビュー小学校

　フェアビュー小学校はアッシュビルから車で20分ほど離れた郊外にあり、900人の児童がいます。そのうち自閉症と診断された児童は25人で、約2.8％の割合になります。
　私が見学したクラスは低学年の5歳から10歳までの5人の自閉症児が在籍していました。5人の子ども以外に授業によっては通級してくる自閉症児がほかに2人いるため、6人になったり7人になったりするときもあります。

【写真8 フェアビュー小学校】

このような障害に特化したクラスのことをセルフ・コンテインドクラスといい、他の障害児クラスと異なり、自閉症の障害特性に応じた指導ができるようになっています。

このクラス以外に高学年自閉症児のクラス、高機能自閉症児のクラス、総合的な障害児クラス、行動障害児のクラスなどのセルフ・コンテインドクラスがあります。

教室は、写真9のように個別に構造化された机・椅子のほかに教室に入ってすぐ左側に5人のスケジュールが示されているトランジッションエリア（写真10）が用意されており、その他おやつを食べる「スナックエリア」、遊びの場としての「プレイエリア」、ひとりで静かに過ごす「カームダウンエリア」、そしてコンピューターデスクが2箇所設置されていました。

【写真9 フェアビュー小学校の自閉症児教室】

【写真10　トランジッションエリアにおける個別の
　　　　　デイスケジュール】

　主担任の先生はTEACCHの研修を数多く受けたベテランの先生で、そのほかに1人のフルタイム教師とアシスタント教師の3人で担当しています。
　5人の子どもたちは、それぞれガブリエル（5歳）、スティーヴン（7歳）、アントワン（10歳）、ボー（7歳）、キャナ（9歳）で、この日は通級としてショーン（7歳）が来ており、総勢6名でした。また、5歳のガブリエルは幼稚園に在籍しています。
　時間割はそれぞれ個別になっており、最初は写真11のようにグループ学習でした。授業は音楽を聴きながら、BINGOの文字を学習していくといったものでした。
　また、同じく歌によって英語の文章を学習するものがあり、それは話の流れが絵で示されており、その下に単語が書かれているものでした。
　歌が終わったら、それぞれトランジッションエリアに行って次の活動を確認するのですが、6人中4人は担任の「チェック・スケジュール」ということばで理解し、2人には名前の書かれたカードを渡すことによって、自分の

【写真11　TEACCHのセラピストも参加したグループ学習】

スケジュールが書かれたトランジッションエリアに行くということがわかっていました。

　ボーは課題を終えた後に道具を片付けるフィニッシュボックスが嫌いで、ときおり放り投げてしまうことがあるとのことでした。

　キャナはほとんどしゃべらない子で、何を要求されているのかわからないため、教師が1対1で数字のマッチングの指導を行っていました。

　ガブリエルは早朝早く目覚めたため、集中力がかけていました。「f」「7」「6」という積木文字の「型はめ」や「動物と文字のマッチング」等のワークをした後、豆の入ったカップの写真で次の作業がわかるようになっていました。感覚が過敏なので、椅子にはマットを敷いていました。

　ガブリエルは重度の知的障害を重複しているため、ことばは理解できずカードを渡すとトランジッションエリアに行くことができます。

　アントワンは、コミュニケーションも十分に通じるため、どこが自閉症かなと思ったのですが、戸外に出るとひとりになって凝り固まってしまうなどの行動が見られました。教室内では、文字をハイライトさせる下敷きのような道具を使って学習していました。普通に会話はできますが、「Where is my paper?」を読ませると、Whereが読めないといった読みの障害を持っている自閉症児でした。

　スティーブンは社会性があり、コミュニケーションもとれるのですが、以前は腕を噛んだり、攻撃的な行動が多かったためTEACCHセンターで自閉

症と診断されたとのことでした。

　スティーブンはADHDの特徴も重複していると思われ、戸外でのボール遊びのときも自分中心でないと気がすまず、わがままさが出ていました。彼はまた計算障害もあり、足し算では指をあごにあてながら計算していましたが、繰り上りが必要な「7＋7」などは答えられませんでした。

　ボーはほとんど言葉がなく、たまに物を投げたりする行動がありますが、ランチタイムの時間に、食べたいクラッカーを絵カードで要求していました。しかし、好き嫌いが激しく、にんじんやセロリ、フライドチキンなどにはまったく興味を示しませんでした。

　ボーとガブリエルは調子が悪いときは、自分でカームダウンエリアに行くことができていました。

　ショーンは英単語の「car、bus、bike、train、beat」のなぞり書きの後、右側に同じ文字を書くという課題を行いました。終わったら右側に置いてあるフィニッシュボックスへ入れるといった左から右へのワークシステムによって、スムーズに課題をこなしていました。この日のショーンのスケジュールは、写真12のように「課題―休憩―課題―ランチ」となっていました。

　また、調子の悪いボーは朝から泣き叫んでいたので、スケジュールを変更し、「Walk（散歩）」というカードを渡すと、すぐに泣きやみ、担任と一緒に外へ散歩に行くことができ

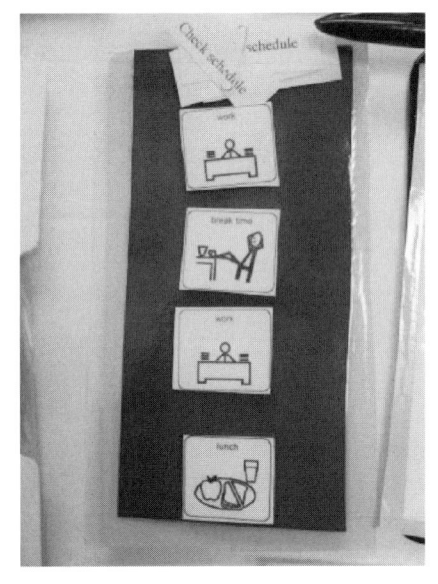

【写真12　スケジュール】

第4章　学校コンサルテーション　　41

【写真13　お菓子のチョイスボード】

ました。

　散歩後のおやつタイムでは、ボーもおとなしくなり、飲み物や食べ物は写真13のようなチョイスボードで「ジュース？　それとも水？」と聞いて選ばせていましたが、アントワンにはことばで尋ねていました。

　自閉症以外のセルフ・コンテインドクラスとしては、総合障害児クラスに8人の子ども（ダウン症児や脳性まひ児などを含む）がおり、ここは3人がキンダーガーデン（幼稚園）の子で残りの5人が小学生となっていました。このクラスには2人の常勤教師、2人の非常勤教師以外に言語療法士、理学療法士、作業療法士、視覚療法士（VT：ヴィジュアルセラピスト）などが週に1回程度指導しに来てくれています。このクラスの特色は1時限

【写真14　ミックスクラスでの構造化された机】

が15分と短いことでした。

　興奮状態の子どもにはよくコンピューターゲームが使われており、コンピューターを使用した学習教材も数多く使用されています。

　ミックスクラスでは、8人の子どもたちが写真14のようなレイアウトの机で勉強していました。ここは、情緒的に不安定な子どもが多く、ADHD（注意欠陥多動性障害）、ADD（注意欠陥障害）、情緒障害、トレンブリング・ディスオーダー（震え障害）等で、2年生から5年生まで在籍していました。

　またセルフコンテインドクラス以外に、他の学校から通級してくるリソースクラス（通級学級）も3教室ほどありました。

（2）ジョンズ小学校

　アッシュビル市内にあるジョンズ小学校もTEACCHセンターのセラピストによるコンサルテーションを受けている学校の1つです。

　フェアビュー小学校に比べて知的に高く、またコミュニケーションもとれる子どもが多いのですが、やはり自閉症なので、机の配置などは写真15のようにパーテーションで構造化されています。

　全校生徒数は360名で自閉症の教室は低学年と高学年の2クラスに分かれており、TEACCHのセラピストのコンサルテーション以外に元学校の先生の経験者で構成されている「特殊教育サポートディレクター」という専門家が週に2回ほど訪問サービスを行っています。

　また、このクラスの児童はPECS（Picture Exchange Communi-

【写真15　構造化された机】

cation System）と呼ばれる絵によって示される文章を理解できる子が多いため、教室内でのルールが写真16、17のように PECS で示されています。

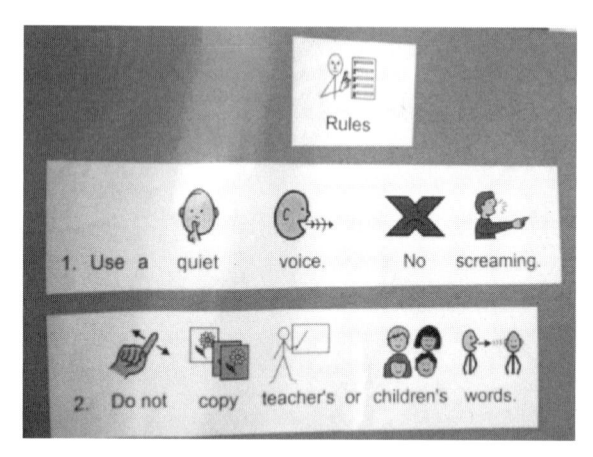

【写真16　PECS で示された教室内のルール１】

【写真17　PECS で示された教室内のルール２】

さらに、教師と児童の役割もわかりやすくするため壁に写真18のような役割分担の表が張られていました。

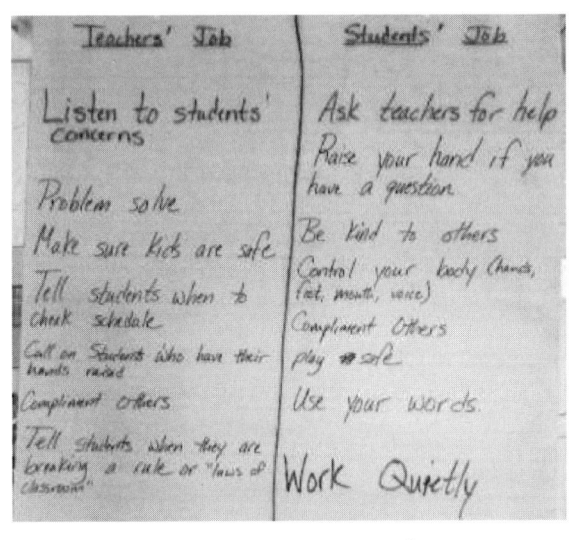

【写真18　教師と生徒の役割】

　また、ニックという攻撃的な子どもにはコミックストリップという絵で示されるソーシャル・ストーリー（社会的スキル）のノートを作り、担任が絵を描いて示すことによって友だちとの対応の仕方を学習するように指導していました。

　この学校では、カームダウンエリアのことをサンクチュアリー（教会用語で神聖な場所という意）という名称で設けており、感情が高まったら

【写真19　ニックのソーシャルストーリーブック】

第4章　学校コンサルテーション　　45

【写真20　絵でソーシャルスキルが示されているコミックストリップ】

【写真21　ニックが友だちにボールを投げつけたことを示すコミックストリップ】

　自分で写真22のようなサンクチュアリーに行って気持ちを落ち着かせるように指導していました。サンクチュアリーでは、静かにしなければならないというルールが写真23のように絵で示されています。

【写真22　サンクチュアリー】

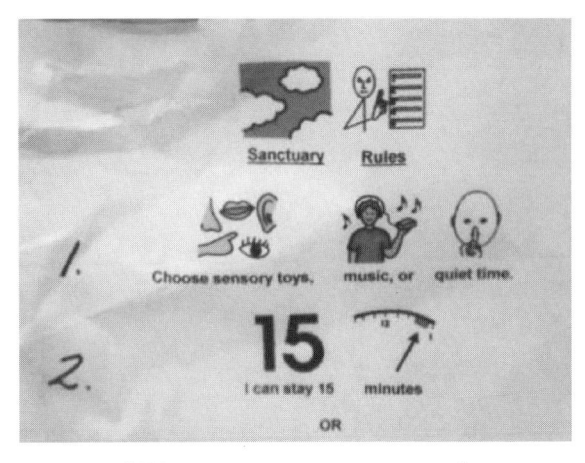

【写真23　サンクチュアリーのルール】

第4章　学校コンサルテーション

（3）アッシュビルカソリックスクール

　アッシュビルカソリックスクールは、名前が示すようにキリスト教系の私立の小学校です。私立のため、学費が大変に高く、担任教師以外に個別に指導してもらう教師（1対1で対応してくれる）をつけてもらうと、年間20,000ドル（日本円で約230万円）の費用がかかるそうです。

　TEACCHのセラピストがコンサルテーションを行っている5年生のクラスでは、19人の児童の中にアスペルガー症候群と診断された女の子がいました。彼女は健常の子から見るとちょっと変わっている子と思われるため、いじめの対象になりやすいのです。よって、彼女のことを健常の児童に理解してもらうためにコンサルテーションを行っているのです。

　まずは、"私の友達インタビュー"というシートを全児童に渡し、ペアを組ませた友達のことをこのシートに記入します。このシートには友達の良いところ、チャレンジすべきところ、初めての（知らない）人に紹介するべき紹介文を記入し、教室の前に出て発表してもらいます。こういった指導によって、どんな子どもにも良いところとチャレンジするところがあるということを理解してもらいます。

　その後、TEACCHのセラピストがクラスのみんなに15分程度の「アスペルガー症候群の理解」というビデオを見せて、5年生の健常児たちに自閉症、アスペルガー症候群のことを理解してもらいました。

　障害児教育とは、障害のある子どもに特別な教育を行うだけではなく、障害のある子が在籍するクラスの他の子どもたちに障害を早くから理解してもらい、友だちを尊敬するという意識を育てることにより、いじめなどを排斥しようとのねらいがあります。

2 アッシュビル中学校

　アッシュビル中学校には、自閉症クラス、行動情緒障害クラス、重度知的障害クラス、軽度知的障害クラスの４つのセルフ・コンテインドクラスがあります。

　自閉症クラスは７人で、行動情緒障害クラスも７人、重度知的障害クラスは９人、軽度知的障害クラスは８人のクラスです。学校全体は約600人とのことなので、約５％の子どもたちがセルフ・コンテインドによる特別支援教育を受けていることになります。

　行動情緒障害クラスは、自閉症も該当するのではないかと思いましたが、知的に高くADHDやうつ状態の子などがいるクラスとのこと。重度知的障害クラスはIQが50以下、軽度知的障害クラスはIQが50以上で編成されています。

　自閉症クラスにはトーマス、クリス、ティヤラ、クイティン、キーナン、アンガス、JJの７人がいました。中学校では12歳から14歳（日本でいうと小学校６年生から中学２年生まで）が在籍しています。

　集団の授業では、男の子のクリスはビニールカバーを常に顔にかざして刺激を遮断しており、先生の話をほとんど聞いていません。また、時々両手で耳を押さえたりすることもあります。

　トーマスとティヤラは日本では自閉症とは診断されないのではないかと思われる子どもたちでした。ティヤラは、よくしゃべり、常に身体を動かしており、日本ではADHDと診断されるのではないかと思われます。教室は写真24のように、机をパーテーションで遮断し、物理的構造化を行っています。

【写真24　パーテーションで構造化された机】

国語の授業では、ティヤラに書字障害があることがわかりました。彼女の書いた単語を見てみると以下のような誤字がありました。

彼女の書いた単語	正解
Rome	(room)
Life	(right)
too the poo	(to the pool)
yole	(your)
dfnk	(drink)
live	(life)
ske	(sky)
wach	(watch)
cleen	(clean)

このクラスでは、机の配置に関する物理的構造化はみんな同じでしたが、スケジュールは、文字が読める場合でも、クリスのように文字カードを1つ

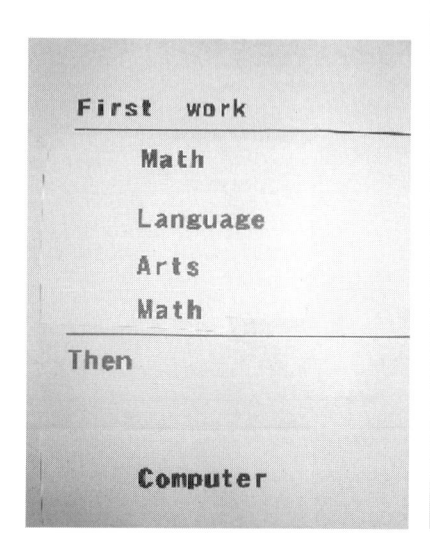

【写真25 クリスのスケジュール】　　【写真26 ティヤラのスケジュール】

ずつ外していく（写真25）スケジュールとティヤラのように自分でチェックしていくスケジュール、また、表3のような面白いルールが壁に張られていました。

表3　クラスルール

① あなたがやってもらいたいように他の人にもやってあげなさい（金のルール）。
② 指示にしたがいなさい。
③ インサイドボイス（声に出さない声）を使いなさい。

第4章　学校コンサルテーション　　51

④ 話している人に耳を傾けなさい。
⑤ 授業を楽しみなさい。

表4も壁に貼られており、担任は文章を作る際にこの表を指差ししながら説明していました。

表4　文章を作るために質問に答える方法

1. 質問を読みなさい。
2. キーワード（重要なことば）にアンダーラインを引きなさい。
3. 重要ではないことば（必要ではないことば）を消しなさい。
4. 質問に答える文章を書き始めるためにアンダーラインを引いたことばを使いなさい。
5. 物語を読んで答えを探しなさい。
6. どの質問が答えるべきものであるかがわかったら、答えに丸をつけるかアンダーラインを引き、小さな番号をつけなさい。
7. ステップ4で始められた文章に情報を加えなさい。
8. 理解できたと確認し読み直しなさい。

さらに、表5は自己評価チェックリストで、自分でできたところやできないところを確認し記録していきます。

表5　自己評価チェックリスト

0＝まだできていないところ 1＝ときどきできるところ 2＝大体できるところ 3＝必ずできるところ	日にち： 10月12日	9/14	10/12
行動 1．話をする順番を待つことができた 2．話をするために手を上げることができなかった 3．ちゃんと座ってうるさい音を出さなかった			

聴く態度			
1．話す人を見ていた 2．質問をした 3．他の人がしゃべっている間黙っていた			
話す態度			
1．明確に大きな声で話した 2．少なくとも3回は話した 3．トピックに関連するコメントができた 4．他の人に話す機会を与えた			
考える態度			
1．話している人に耳を傾け、彼らが何を言っているのかに反応できた 2．意見を述べるためにテキストを利用した 3．話す前に考えた 4．なぜ賛成（あるいは反対）なのかを説明できた			
総合得点			

　このクラスでは、きちんと授業が聞けたり、適切な行動を行った場合にはトークン（代用貨幣）というチケットをもらうことができ、写真27のようにトークンが貯まると好きな活動に従事できたり、好きな食べ物をもらえます。

　アスペルガー症候群と診断されたレミントンは健常学級に在籍していますが、算数が苦手なため特定の時間だけ自閉症学級担当の先生と個別に授業を受けることができます。

　担任の先生はコインやお札のオ

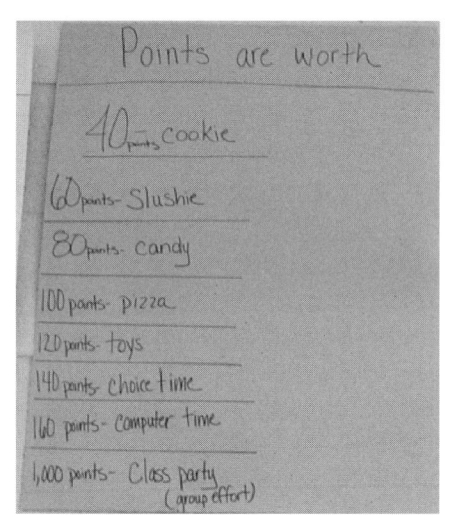

【写真27　トークンシステムポイント】

モチャを使って計算を教えていましたが、レミントンは簡単な計算はできるものの、繰り下がりのある引き算（1ドル25セント持っていて、26セント使ったら？）はできなかったので、数字が書かれた教材を使って教えていました。

レミントンはTEACCHセンターでアスペルガー症候群と診断され、よくしゃべる生徒でした。

【写真28　レミントンと担任の1対1の算数の授業風景】

レミントンはリーディングの授業は別のクラスに移動して、同じようなレベルの生徒と一緒に授業を受けます。

そこの教室では、知的障害のある人たちを含めすべて特別な支援が必要な生徒が集まっています（ADHDが多い）。

アッシュビル中学校では通級などセルフ・コンテインドクラス以外の特別支援教育に在籍している生徒が85人から90人となっており、その割合は実に学校全体の14％～15％になります。

3　高　　校

（1）ジャクソン高校

アッシュビルのあるバンカム郡から西へ車で40分ほど行ったところにジャクソン郡というところがあり、ここのジャクソン高校の全校生徒96人のうち30人が自閉症の生徒でした。

よってジャクソン高校は、西ノースカロライナにおける自閉症のためのメインの高校となっています。

ジャクソン高校でも、机の配置は写真29のようにパーテーションで仕切られた構造化が用いられています。

【写真29　パーテーションで仕切られた机】

　写真30はピンクという女子生徒のスケジュールですが、やはり絵で示されています。
　また、高校なので、卒業後就職する生徒もいるため、学校在学中に職業的なスキルも身につけます。
　しかし、自閉症の場合はやはり視覚的な構造化が必要であり、写真31のように清掃の際にゴミを集める場所を赤いテープで示しています。
　このゴミを集める場所のそばには写真32のように、足を置く場所まで絵で示されています。

【写真30　ピンクのスケジュール】

第4章　学校コンサルテーション　　55

【写真31　ゴミを集める場所】　【写真32　足を置く場所】

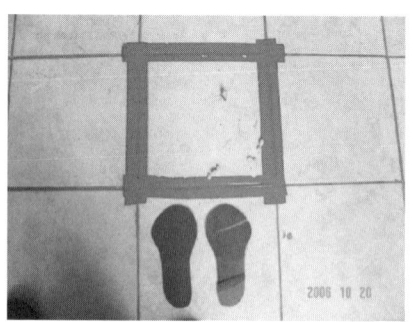

　アメリカでは連邦の法律により、3歳から21歳まで無償で受けることができるIEP（個別教育計画）があるため、このハイスクールでも18歳で卒業する必要はなく、21歳まで高校に在籍し、職業的なスキルを身につけた上で卒業する生徒も多いようです。

（2）アッシュビル高校

　アッシュビル高校は、写真33のように総レンガ造りの立派な建物で、高校というよりは行政機関のようなイメージですが、バスケットが強いことで有名な高校でもあります。やはり自閉症の生徒も多く、そのためのクラスが設置されています。

　アッシュビル高校は全校生徒1,200名のうち30人の障害生徒がおり、そのうち8人が自閉症で、自閉症のためのセルフ・コンテインドクラスが設置されています。アッシュビル高校の自

【写真33　アッシュビル高校】

閉症クラスには軽度の自閉症生徒が多いため、物理的な構造化は少なくなっており、写真34のように２人がけの普通の机配置となっています。

　授業科目はほぼ日本と同様で、国語・数学・理科・社会・体育・美術・音楽などですが、すべてIEPにのっとり、能力や年齢差に応じて授業が行われています。たとえば、体育の授業ではバスケットを得意とする生徒もいれば、ウォーキングレベルしか参加できない生徒もいるため、生徒一人ひとりに応じたカリキュラムが組まれています。数学の授業では、全員電卓を使用しており、計算能力そのものを重視しているのではなく、卒業後の実社会で必要な実践的能力を身につけることを目的としています。

　選択授業では、農業、料理、縫製、整容（髪切り、髪染め、化粧）などユニークなコースがあります。

【写真34　アッシュビル高校の授業風景】

　しかしながら、感情が抑制できなくなった際には、パーテーションで刺激が遮断されるような場所に自ら行くように指導されています（写真35）。

【写真35　構造化された机の配置】

　また、感情をうまく表現できない生徒には、感情表現カードというものを携帯し、楽しいときや怒っているときの気持ちを写真36、37のようなカードを用いて表現するようにしています。

【写真36「楽しい」のカード】　　【写真37「怒っている」のカード】

　また、自閉症の人の中にはサバンという特異な能力を持っている人がいます。それは、とりわけ数字や音楽、美術などに多いようです。
　アッシュビル高校にも絵が得意な生徒がいて、彼は休憩時間には常に絵を

【写真38　アッシュビル高校の生徒が描いた絵】

描いているとのことです。

　ジャクソン高校同様、高校卒業後に就労をめざしている自閉症生徒も多いため、就労をめざすための実習などが授業に含まれています。具体的な進路指導教育としては、2名の担任教員のうち1人が職場開拓をし、もう1人が実習アシスタントとして実習現場に入りジョブコーチを行います。学校内で300時間の校内実習を行った後、地域での現場実習として240時間、そして賃金をもらう形での就労体験が360時間行われます。実習先はK-martという大型スーパーやレストラン、病院の食堂などが多く、自閉症者が苦手な、人との接触の少ない食器洗いや清掃、倉庫管理、荷物の運搬などの職種が選ばれています。

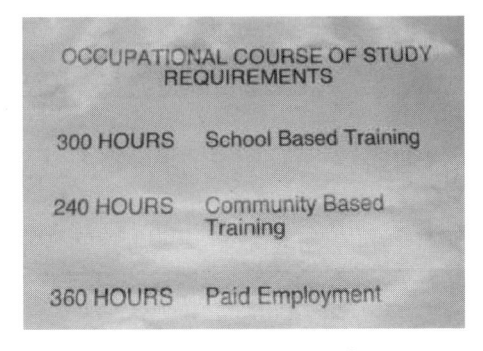

【写真39　就労準備授業】

第4章　学校コンサルテーション　　59

Chapter 5 就労支援

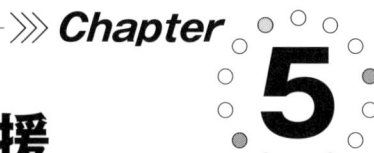

* * * * * *

　TEACCH では、自閉症の人たちにジョブコーチのついた援助つき就労で支援をしています。
　TEACCH の援助つき就労モデルは以下の4つに分かれています。

表6　TEACCH センターにおける就労支援モデル

1．**標準モデル（個別就労支援モデル）**
- モデルの定義：自閉症者が働いている場所に常時ジョブコーチがいるわけではない。
- 割合：ジョブコーチ1人に対し自閉症者が1人～2人。
- サポートの頻度：ジョブコーチが1週間に2回から2ヶ月に1回程度断続的に訪問し、コンタクトを図る。
- 賃金：一般就労における最低賃金以上。
- 働いている場所：図書館、倉庫管理、事務所、スーパーマーケット、工場、フードサービス、小売業、パン屋、保守・管理、クリーニング。
- 対象者：知的に高い自閉症者やアスペルガー症候群、（問題行動の少ない）穏やかな自閉症者。

2．**分散モデル（分散型エンクレイブ）**
- モデルの定義：違う場所や分散された場所で働く複数の自閉症者で構成されている。
- 割合：ジョブコーチ1人に対し自閉症者は2人から5人。
- サポートの頻度：ジョブコーチは常にその職場におり、支援は断続的に行うこともある。
- 賃金：最低賃金以上。
- 働いている場所：スーパーマーケット、工場、フードサービス、パン屋。

- 対象者：常に1人で仕事をすることが困難な中度知的障害のある自閉症、やや問題行動を所持しているアスペルガー症候群等。

3．モービルクルー
- モデルの定義：同じ仕事（清掃が主）を行うために場所を移動しながら複数の自閉症者が働くモデル。
- 割合：ジョブコーチ1人に対し、自閉症者は1人から3人。
- サポートの頻度：ジョブコーチは常に自閉症者と一緒にいて、断続的なサポートを行う。
- 賃金：最低賃金以上。
- 働く場所：個人の家や公園の清掃。
- 対象者：人と接触するのが苦手な自閉症者。

4．1対1モデル
- モデルの定義：ジョブコーチと自閉症者が1対1で成り立っているモデル。
- 割合：ジョブコーチ1人に対し自閉症者1人。
- サポートの頻度：ジョブコーチは常に一緒におり、支援も継続的に提供される。
- 賃金：最低賃金以上。
- 働いている場所：事務所、本屋、フードサービス、パン屋、教室、郵便、スーパーマーケット。
- 対象者：常にサポートが必要な最重度の自閉症者。

以上がTEACCHの援助つき就労ですが、4種類の異なったサポートモデルの利点は以下の通りです。

表7　それぞれのサポートモデルの利点

1．標準モデル
- 自閉症者が自分の能力や興味を最大限に伸ばし働くことができる。

2．分散モデル
- ジョブコーチは、必要に応じて自閉症者の課題を援助することができる。
- ジョブコーチは、事業主のニーズに合った自閉症者の作業遂行能力（正確さや品質）を保障することができる。
- ジョブコーチは、自閉症者の仕事のやり方に応じて適応させることができる。

3．モービルクルー
- ジョブコーチは、必要に応じて自閉症者の課題を援助することができる。
- ジョブコーチは、事業主のニーズに合った自閉症者の作業遂行能力（正確さや品質）を保障することができる。

- ジョブコーチは、自閉症者の仕事のやり方に応じて適応させることができる。
- 利用者のニーズに応じて仕事のスケジュールや休み時間の長さなどを調節することができる。
- 能力や興味に応じて課題を割り当てることができる。
- 他の援助つき就労モデルにおける一般就労のために必要とされるスキルを発展させるトレーニングの場所となる。

4. 1対1モデル
  - 自閉症のニーズに応じて継続的に構造化を適応させたり変更したりすることができる。

　自閉症といっても、その個性や能力に差がありますが、どのモデルも「最低賃金以上」の給与をもらっているのは日本と比べると素晴らしいことだと思います。
　以下にTEACCHセンターで実施されている具体的支援の例を紹介します。

1　チャペルヒルTEACCHセンター

　TEACCHセンターの中心であるチャペルヒルでは、援助つき就労の部門があり、数多くの就労支援を行っています。
　チャペルヒルでは、9人のジョブコーチが60人の自閉症の人の支援をしており、そのうち40人が標準モデルです。

(1) モービルクルー

　モービルクルーでは、基本的に個人および公の家の清掃を行っています。ここでは、スティーブ、カトリーナ、エリックの3人が働いていました。時給はやはり6.5ドルで、この家の掃除は朝9時半から12時半までの3時間、午後に他の家を掃除することもあるため、週にすると大体19時間から25時間くらい働くことになります。よって月給にすると5万8千円から7万6千円くらいになります。

【写真40　カトリーナに指示を与えるジョブコーチ】

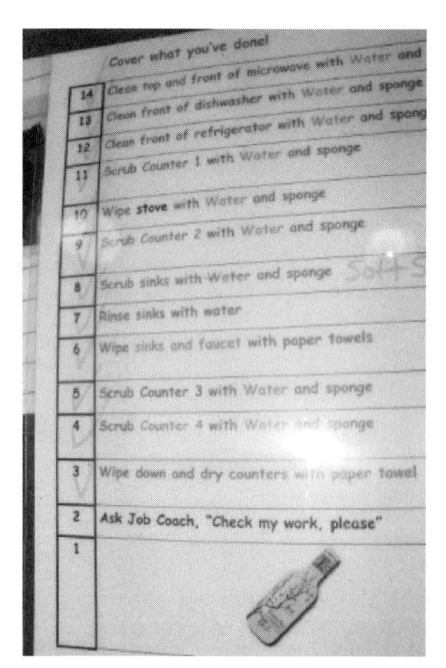

【写真41　仕事の順番を文字で示すチェック表】

　カトリーナは、以前スーパーマーケットで働いていましたが、スーパーでは人が多くて混乱したためモービルクルー移ったそうです。確かに家の掃除であれば自分流でやれるからいいかもしれません。カトリーナは、5年前にはグループホームに住んでいましたが、現在は自閉症ではない人とルームシェアをしてアパートに住んでいるそうです。

　アパート暮らしのため、食生活は「地域パートナー」という地域で生活支援をする人に生活全般のサポート受けているとのことでした。

　カトリーナは、仕事の手順がわ

からないため、ジョブコーチが写真のような手順を示すマニュアルを作成し、一つひとつの課題が終わったらチェックしていくように指導されています。

また、ここで働いているもう1人のスティーブも以前は大学の学生食堂で働いていましたが、そこは人が多く混乱するため、こちらの仕事に移ったとのことでした。

【写真42　洗面所の掃除をするスティーブ】

(2) 標準モデル

次に訪れたところは標準モデルで郵便物の整理をしているスコットとアレックスのところでした。

スコットはもう6年も働いているとのことでしたが、アレックスはまだ仕

【写真43　郵便物の仕分け作業をしているアレックス】

事を始めて10ヶ月でした。

　仕事の時間は朝9時から午後1時までの4時間（途中11:30-11:45が休憩）で、ジョブコーチは週に1回見に来るだけとのことです。

　仕事はコンテナ・オーガニゼーションといってコンテナーに入っている沢山の郵便物を仕分ける作業です。

　アレックスは引っ込み思案の自閉症ですが、スコットはとても社会性があり、話も十分にできるので問題がないように見えたのですが、ジョブコーチによると、ときどき衝動的な行動に出てしまうことがあるとのことでした。

　私が見学したときも、一度に多くの手紙を取ろうとしたため、ジョブコーチに適量を持つように指導されていました。

　ただ、スコットは抜群の記憶力を持っており、メジャーリーグの野球選手の打率、打点、ホームランをすべて暗記しているらしく、仕事の面でも数字のマッチングをしなくても分類が可能とのことでした。

【写真44　ジョブコーチに指導を受けているスコット】

2　グリーンズボロ

(1) 標準モデル

　グリーンズボロのTEACCHセンターでは、セラピストの1人が援助つき就労のプログラムマネージャーを担当しており、7人のジョブコーチを雇用しています。そのうち5人が常勤、2人がパートタイムでした。

　グリーンズボロTEACCHセンターでの援助でユニークだったのは、アスペルガー症候群のジェイソンという当時者がTEACCHセンターで働いていることでした。

　ジェイソンは、毎週火曜日と金曜日の2日間グリーンズボロTEACCHセンターで勤務し、主にコピー、ファイル管理、ラミネーティング、コンピューターによるケース管理（仕事日、時間、トータル）など簡単な事務作業をしています。彼はアスペルガー症候群と診断されたのが2年前だと言っていました。ジェイソンの現在の課題の1つがストレスマネジメントで、リラックスするための手順（紙に書かれたもの）が用意されていました。

　ジェイソンは大学を出ていますが、発音に独特の障害があり、いつもにこにこしていて人のよさそうな青年でした。

　また、標準モデルで支援しているベーカリーショップ（パン屋）では、軽度の知的障害を伴う自閉症のキニースが視覚的スケジュールに従って働いていました。仕事の内容はテーブル拭き、フロアの掃除機かけ、皿洗いなどです。時給は6.5ドルで、月にすると約6万円ちょっとになっています。

　勤務時間は月曜日から金曜日までで、時間は10時から午後2時までの4時間です。まだ働き始めて3週間ですが、最初の2週間はフルタイムでジョブコーチが支援をし、徐々に援助を減らしていき、フォローアップは月に2回ほど行うそうです。

【写真45 文字で示されたスプーン、フォーク収納場所】 　【写真46 フォークを収納するラファエル】

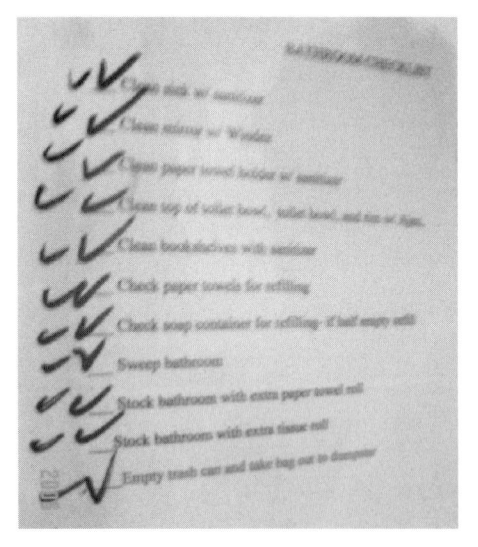

【写真47 ラファエルの作業スケジュール】

　彼は一見自閉症と見えないくらいフレンドリーで、すぐに名前も覚えてくれましたが、人との距離感がわからないことがあるそうです。

　レストランで働いているラファエルは、24歳の男性で大学ではスタジオアートを専攻した高機能の自閉症でした。とても社交的で、日本語で「コンニチワ」と挨拶するなど、気さくな青年でした。レストランでは、週3日勤務し、店内の清掃、食器洗い、補充などをしています。

　ラファエルは、1つの仕事が終わった後、次に何をしたらいいのかわからなくなるので、文字によるスケジュールで指導されていました。フォークやナイフ、スプーンを収納する際も写真45のように、文字で示されていました。

また、見通しが持てないため、写真47のように文字に書いたスケジュールが必要でした。

（2）モービルクルー

グリーンズボロのモービルクルーでは、チャペルヒル同様、家の清掃をゲーリー、ディビッド、ルチェラの3人で行っていました。ゲーリーは主にキッチンの清掃を、ディビッドは丁寧だけれど仕事が遅いので、仕事の順番を示すスケジュールを首にかけて、それを見ながらチェックをして仕事をしていました。

ルチェラは、文字によるスケジュールで一つひとつチェックしながらトイレ掃除を行っていました。

3人とも、フロアを掃いたゴミをどこに集めるかわからないため、ジャクソン高校同様、写真のように「ちりとり」の絵を作り、

【写真48　ゴミを集めるちり取りの絵】

それをフロアに設置することによってゴミを集める場所が理解できています。

モービルクルーの仕事は毎日ではなく、週に2日間程度で、時間は1日6時間ですが、最低賃金をもらっています。

3　アッシュビル

アッシュビルでは、自閉症協会がジョブコーチを雇用しており、TEACCHセンターのセラピストのスーパーヴァイズのもと、就労支援を実施していま

第5章　就労支援

す。

　常同行動が強く、言語によるコミュニケーションが難しい32歳のデイビスは、ホテルが運営しているスポーツクラブで働いています。デイビスは自閉症協会が運営しているグループホームで生活しており、そこの世話人が毎朝、写真49の自閉症協会

【写真49　自閉症協会】

への送り迎えをします。
　自閉症協会のジョブコーチは、朝10時に自閉症協会で待ち合わせをし、デイビスをホテルのスポーツクラブに連れて行きます。
　スポーツクラブでは文字によるスケジュールに応じて仕事を始めます。
　仕事の内容は、午前中に屋外のテニスコートに氷の入った水タンクを３箇所セットすること、使い終わったオシボリをまとめる仕事、スポーツジムの玄関の窓を拭く仕事、昼食後は屋内テニスコートを掃除機をかける仕事、フィットネスルームの窓を拭く仕事、ウェイトルームの窓を拭く仕事などで、大体３時頃に終わります。
　その後は、デイビス自身ジムのトレーナーの指導でトレーニングを行います。
　デイビスの給料は自給７ドル（800円強）で、週15時間から20時間働いています。
　また、「センターリング　オン　チルドレン」というユニークな職場がアッシュビルにはあります（写真50）。
　ここは、元アッシュビルTEACCHセンターのセラピストだった人が創設した会社で、４人の自閉症者（18歳、21歳、22歳……）が働いています。４

人のうち1人は高校をまだ卒業しておらず、現場実習として利用しています。労働時間は、午前中3時間のみで、その後1人は他のワークプレイス（ビデオの包装等）に行っています。その他の自閉症の人たちは午後レジャーに行ったり、ここでランチをとって家に帰る人もいます

【写真50】

が、全員ジョブコーチが必要です。ジョブコーチは自閉症協会や他のNPO法人などから来ています。

　仕事の内容は、図1～3のような「シューボックスタスク」といって、靴箱くらいの大きさの課題を数多く作り、構造化されたわかりやすい仕事を提供しています。

　シューボックスタスクは基本的に16種類34の課題で、それぞれ課題分析をしたものが図示されています。作業遂行レベルは1歳～2歳半で、学校や家庭、病院やワークショップなどで使用されています。

図1　ブロック挿入課題　　図2　ブロック挿入課題2　　図3　チップ挿入課題

　すべての課題はワークシステム（左から右へなど）によってわかりやすく設定されており、作業活動をするところと場所が1対1に構造化されていま

第5章　就労支援　71

す。

　給料はポイント制で、能力に応じて平等に支払われています。時給にして700〜800円程度ですが、ポイント制なのでそれぞれの自閉症の人の能力によって異なっています。給料は2週間毎に支払われており、大体月2万円程度となっているようです。米国ではメディケイドと呼ばれる障害者の医療保障があり、給料と合わせてグループホームの費用を支払っています。

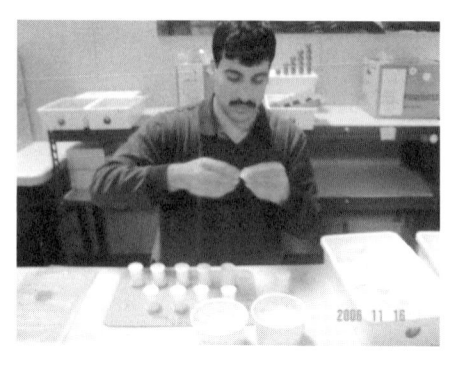

【写真51　シューボックスタスクで仕事をしているアハマド】

Chapter 6 居住支援

*　*　*　*　*　*　*

　米国ではたとえ障害があっても18歳になると親元を離れることが多く、大学生の場合は寮、そのほかの場合はグループホームやアパートなどで生活をしています。
　ノースカロライナの成人期に達した自閉症の人の多くはグループホームで生活しています。

1　アッシュビルのグループホーム

（1）モントフォードグループホーム

　このグループホームには4人の自閉症者が住んでいます。アッシュビル中学のレミントン（14歳）もその1人です。レミントン以外に高校生のロヴィ（20歳）、大学生のホランド（24歳）、ラスティ（22歳）は作業所に通っています。
　ロヴィは20歳ですが、ジャクソン高校のところでも述べたように、米国では21歳までIEPによって特別支援教育を受けることができるので、20歳でも高校に在籍できるのです。また、ラスティが通っている作業所での工賃は、1週間で2ドル70セント（約300円強）とのこと。月にすると1,200円だから、かなり安いですね。唯一の女性であるホランドは重度の知的障害を重複して

【写真52　モントフォード　グループホーム】

いますが、市民大学に通っており、そこではパソコンの学習をしています。といっても、名前、住所、電話番号、簡単な自分のことなどの入力の指導を9時から3時の間で受けているとのことでした。

　グループホームのスタッフは総勢で9人ですが、入れ替わりがあるため、常時いるのは3〜4名くらいでした。

　モントフォードグループホームは、TEACCHセンターとの関係があまり緊密ではなく、ホーム内は構造化されているところが少ないため、ラスティは人を叩いたり、蹴ったりするような問題行動を引き起こしていました。

（2）フェアビューグループホーム

　フェアビューグループホームには、人と接触するのが不得手なマーカスとフレンドリーなショーンの2人が住んでいます。

　ここは、ホーム内が構造化されており、絵によるスケジュールやさまざまなワークシステムがいたるところに見受けられました。

【写真53　フェアビューグループホーム】

【写真54　シャワーを浴びる曜日】

【写真55　キッチンの使い方】

第6章　居住支援　75

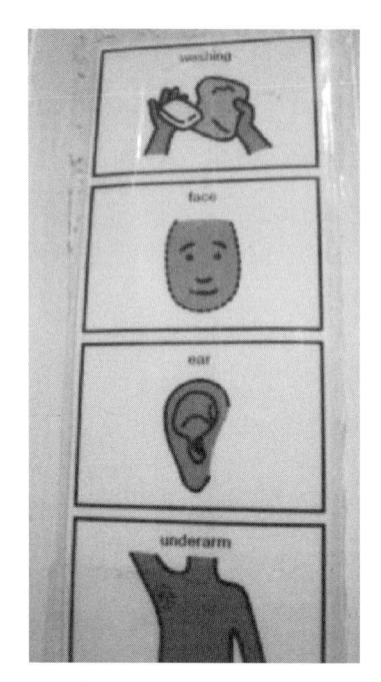

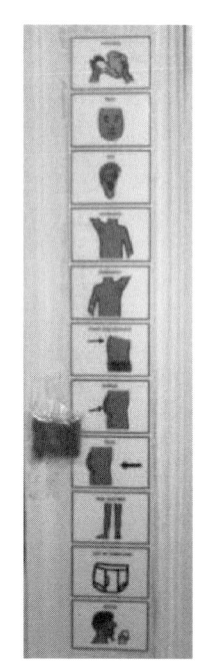

【写真56　身体の洗い方１】　【写真57　身体の洗い方２】

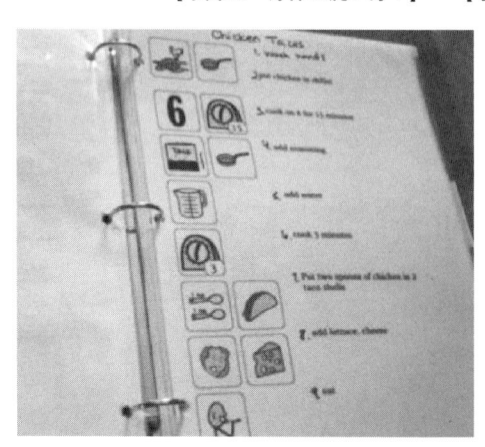

【写真58　タコスの作り方のワークシステム】

　また、ことばでのコミュニケーションが苦手なショーンのために、コミュニケーションカードを作成し、それをファイルにしてショーンに示すことによってスムーズなコミュニケーションを図っていました。

　面白かったのは、トイレットペーパーを使いすぎてしま

う利用者がいるのですが、紙を使いすぎると大好きなバスに乗れなくなるということが写真59のように絵で示され壁に張られていました。

　この視覚的ルールによって、トイレットペーパーを無駄に使用することはなくなりました。

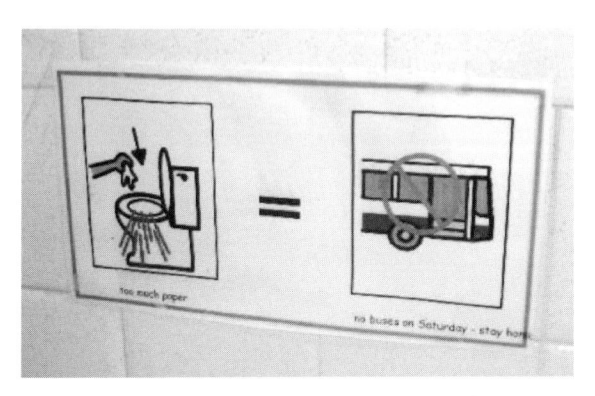

【写真59　トイレットペーパーのルール】

2　アルバマールのグループホームとカロライナファーム

　アッシュビルから車で3時間ほど東に行ったところにアルバマールという町があります。ここにGHA（Group Homes for the Autistic）というNPO法人があり、名前のごとくグループホームを運営しています。1978年に設立されたのでかれこれ30年になります。

　しかし、事業内容はグループホームだけではなく、ホームから出てアパート暮らしをするためのプログラム、学校教育支援プログラム、家庭支援、そして就労支援のプログラムがあります。

　就労支援では、青年期・成人期の自閉症者のために「構造化」された就労トレーニングが提供されています。

【写真60　作業をする際もパーテーション】 　　　【写真61　カロライナファーム】

　具体的な「援助つき就労」プログラムでは、個別就労アセスメント、入居者のための就労トレーニングなどが実施されており、利用者の就労がうまくいくようにジョブコーチが専門的な指導を行っています。

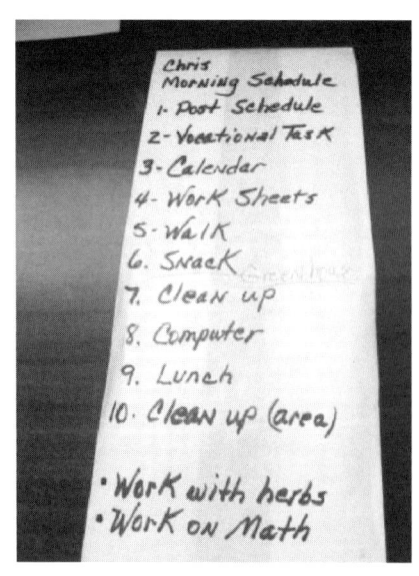

【写真62　文字によるスケジュール】 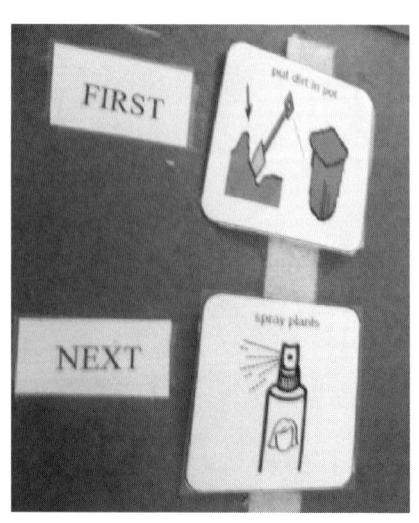　　　【写真63　最初と次のスケジュール】

この他にGHAは写真61のようなカロライナファームという20エイカー（約8万平方メートル）の農場を運営しており、この農場内にあるグループホームでは3箇所5名用のホームに15人の自閉症者が居住し、動物や植物を育てたり、できたハーブなどを袋詰めにする作業等で就労トレーニングも行っています。

　ほかに30名の利用者が、ファームでのトレーニングを受けるためにカロライナファームに通っています。

　就労に関しては、現在9人の自

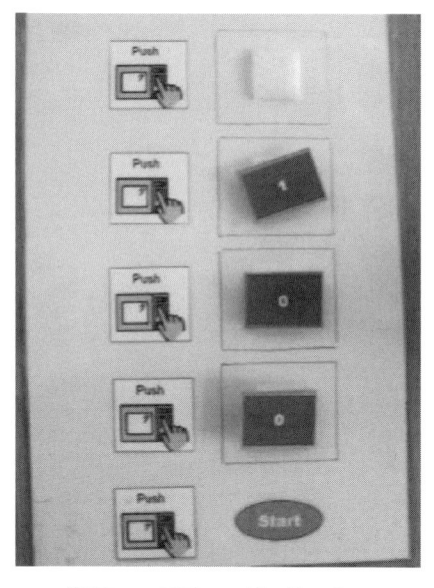

【写真64　電子レンジの使い方のワークシステム】

【写真65　キッチンのいたるところに視覚的目印】

第6章　居住支援　79

閉症者が最低賃金（時給6.5ドル、約800円弱）でレストランなどで週に平均27時間働いているので、月に7万～8万ほどの収入となっているとのことでした。

　また、その他の人たちも現金収入は得られないものの、地域でボランティアとして仕事をしており、そのボランティアの仕事が就労アセスメントの場となり、実際の就労へつなげていく前段階となっているようです。

　GHAは、TEACCH部の協力のもと、専門家に対し療育についての研修と研究を行う場所として、州内だけではなく、国内そして国外からも利用されています。これらの人たちのために2日間および5日間の研修が、年に数回カロライナファームで行われています。また、GHAは大学とインターンシップ契約を結んでいるので、大学生の教育課程の一環としてカロライナファームで研修を受ける機会が設けられています。

　ノースカロライナ州内にはGHAなどのような機関が5箇所あり、50箇所のグループホームを運営しているとのことですが、そのすべてが自閉症者のためのものというところがノースカロライナらしいと感じました。

　米国では成人期になると、たとえ障害があろうとできるだけ家族から離れて生活をすることが基本となっているため、重度の障害者の場合、就労支援よりも居住支援が先にあり、日中活動の1つとして就労があると考えられています。

　よって、就労が駄目になった場合でもこの農場のように日中に行う活動があり、また違う就労先へとチャレンジすることができるわけです。

カロライナファーム

1978年に設立されたGHA（Group Homes for the Autistic：自閉症の人たちのためのグループホーム）は、自閉症スペクトラム障害の子どもたちや成人の人たちを対象に居住サービス、教育サービス、デイサービス、地域生活サービスを行う私立の非営利団体（501c3）です。GHAは、制限を最小限にした適切な環境の中で質の高いサービスを提供することに努めています。GHAは、54名の自閉症スペクトラム障害の人たちにサービスを行っています。

GHAは、28年間ノースカロライナ州アルバマールにおいて、その成長と事業を成し遂げてきました。その期間、GHAは、子どもたちのための住宅1箇所と5人の職員から成る団体から、9箇所のグループホーム、1箇所のアパートメントセッティング、インホームサービス、デイサービス、そして150人以上のスタッフを抱える団体へと成長しました。GHAは、行っているサービスの質をノースカロライナ中から高く評価されており、個に応じたプログラムの教授や指導のより良い方法を求め世界各国から訪問者がやって来ます。毎年、日本からは医師や教員がGHAを訪問しています。

2003年6月、GHAは新しいプロジェクトであるカロライナファームの設立に着手しました。このプロジェクトにより、GHAが管理する施設は、ノースカロライナ福祉省施設事業部の認可を受けています。

Chapter 7

余暇支援

* * * * * * *

　余暇に対する考え方は日本と欧米ではかなりの違いがあり、日本では文字通り「余った時間」なのかもしれませんが、欧米では Recreation（リクレーション）が Re（再び）＋create（創造する）という語源から示されるように、「元気回復のための行為」という意識が強く、働く人たちには必ず必要なものと解釈されています。よって、学校でも「余暇を教える」ということがなされています。

　自閉症の人たちの余暇は、その特性から対人関係の必要なグループ活動などは苦手なため、自閉症協会が TEACCH センターの協力のもとに自閉症に特化したさまざまな余暇を提供しています。

1　WNC（ウェスト・ノースカロライナ）ランニング／ウォーキング

　毎年秋に開催される WNC（ウェストノースカロライナ）ウォーキング／ランニング大会は、自閉症協会が主催していますが、TEACCH センターの人たちがボランティアとして手伝っています。

　単独でのスポーツであるウォーキングやランニングは、野球やバスケットなどの難しいルールやチームメートとのやりとりがないため、自閉症者に合ったスポーツの1つと考えられています。

しかしながら、どこをどう走っていいかわからない人もいるため、伴走のボランティアが必要になります。
　また、一般の市民も参加でき、彼らの参加費は自閉症協会に寄付されます。

【写真66　ウォーキング／ランニングの会場】

【写真67　走り終わった後の自閉症の息子を抱きしめる母親】

　また、マラソンが好きではない自閉症者の場合は、ランナーがゴールする場所で歌やダンスに参加します。

【写真68　歌って踊る自閉症の人たち】

84

2 ピクニック

　ピクニックも自閉症の人たちにとって楽しい余暇の１つです。参加者はアッシュビルの５つのグループホームに居住している29人の自閉症の人とその家族およびグループホームのスタッフらです。
　ピクニックは公園内の湖近くで、保護者が手作りの料理を持ち寄り、みんなでランチを食べました。
　TEACCHセンターからは２人のセラピストが参加し、休憩時間に保護者の質問などに答えていました。

3 サマーキャンプ

　サマーキャンプも自閉症協会主催ですが、TEACCHセンターと密接な連携をとっているため、自閉症の人たちの余暇活動としてだけではなく、専門家や大学生の研修なども含まれています。
　サマーキャンプは８週間実施されますが、最初の１週間は学生ボランティア（といっても週に200ドル支給される）への研修にあてられます。
　最初の１週間の自閉症の参加者は地元アッシュビルから、TEACCHのスタッフがよく知っている10歳のオードリー、11歳のアンディ、14歳のアレックス、25歳のアハマド、そして30歳のクローディアの５人でした。
　私はもっとも問題行動が重いと

【写真69　いたるところに設置されているサマーキャンプの看板】

第７章　余暇支援　　85

いわれているアンディという11歳の男の子につきました。
　キャンパー（自閉症のキャンプ参加者）は、毎朝自閉症協会で待ち合わせをし、TEACCHセンターの公用車に彼ら5人と私の6人を乗せて、車で30分ほどのブラックマウンティンというキャンプ地へ行きました。
　アンディはことばがなく、重度の知的障害を重複しています。アンディに会ったとき、ヘルメットをしていたので、てんかん発作があるのかなと思っていたのですが、自傷が激しすぎるため、防御のためにヘルメットをかぶっているとのことでした。

【写真70　山歩き（ウォーキング）】

　キャンプ場の高原に到着して、写真70のようなウォーキングという山歩きを始めたところ、すぐに自傷が始まり、それを止めようとしたセラピストに対しても暴れ始めました。
　私も付き添っていったので、頭突きをされてしまいました。
　急に連れて行かれたウォーキングでは、「どこに行くのか」また「何のために連れて行かれるのか」わからなかったアンディは先の見通しが持てず不安だったものと思います。
　ランチタイムもセラピストか私のどちらかが必ずついていなければならず、一瞬目を離しただけでテーブルの食べ物をひっくり返されそうでした（私のポテトサラダは完璧に取られてしまいましたが…）。
　テーブルをたたく，蹴るなどはしょっちゅうで、ウォーキングの途中ではヘルメットの上から音がするほど強く頭をたたきながら、山に響きわたるような大声を上げたりしていました。
　しかし、問題行動もここまで。

【写真71　木に記された目印】

　ランチの後、再度ウォーキングに連れて行ったのですが、今度はまったく問題行動が生じなかったのです。それは、木の枝（これがウォーキングの意味を示す具体物によるスケジュール）を見せることによって、午前中に行ったウォーキングの意味が理解できたからです。ウォーキングでは、自閉症の人にわかりやすいように、写真71、72のような視覚的目印がウォーキングコース内のいたるところに貼られていました。写真71、72はここから見上げる葉っぱが太陽に輝いて美しいので見てみようというサインです。

　その後、ブランコの写真を見せて遊具場に連れて行き、セラピストに押してもらいながらブランコに乗っているときには、にこにこと笑顔まで出てきました。それからは写

【写真72　木に記された目印２】

第7章　余暇支援　　87

【写真73　TEACCH センターのセラピストとのミーティング】

【写真74　アンディのためのランチ】

真や具体物のスケジュールにしたがって、トイレや作業課題、プレイルーム、センサリールームなどへスムーズに移動することができるようになり、初めての場所でも問題行動を生じることがなくなりました。

さすがは TEACCH のセラピストといった感じでした。

研修として参加していた大学生とのミーティングでは、翌日の指導案などについて彼らにもまとめをさせましたが、このような実際の現場での研修は大学生にとってもとても実践的な勉強になったのではないかと思います。

アンディは行き帰りとも車の中では私の隣の席で身体を抱えられるような状態（急に飛び出す可能性があるので）でしたが、自傷などの問題行動は徐々に軽減していきました。

アンディは、食べ物や飲み物については、現物を見せることにより食べようとしたり、飲もうとします。しかし、量が多いと無理やり食

べさせられるのではないかと思いパニックを起こすため、写真74のように少量を皿に取って並べることよって、ランチタイムの問題行動は解決しました。

アハマドは、アラブ系アメリカ人で、ことばによるコミュニケーションはとれませんが、絵や写真などは理解できます。

水遊びが大好きなので、プールやウォータースライドでは大はしゃぎでした。

【写真75　プールで水をかけてはしゃぐアハマド】

【写真76　学生に引率されてウォータースライドで遊ぶアハマド】

クローディアはスーパーで1日5時間、週にして30時間ほど働いています。彼女はよくしゃべるのですが、プールタイムでは遊んでいる小さい子どもの声が苦手で大声で叱りつけるといった行動がありました。

1週間のサマーキャンプトレーニング終了後、7週にわたって、ノースカロライナ州の

【写真77　学生としゃべり続けるクローディア（右端）】

第7章　余暇支援　89

いろんな地域から自閉症の人たちがやってくるレギュラーサマーキャンプが始まりました。

トレーニングでみっちりと自閉症の人たちへの対応を身につけたカウンセラーと呼ばれる大学生たちは、毎週入れ替わりでやってくる自閉症の人たちにマンツーマンでサポートを行います。

学生18人に対し、毎週参加してくる自閉症の人たちは16人、レギュラーキャンプはトレーニングのときと異なり、同年齢のグループおよび高機能自閉症／アスペルガー症候群のグループに分けられます。16人かける7週なので、合計112人、トレーニングのときの5人を入れると総勢117人の自閉症の人たちが参加したことになります。

サマーキャンプはアッシュビルのほかにもチャペルヒル地域でも実施されており、2箇所を合計すると250人近くになります。

学生たちも丸2ヶ月間、山の中で自閉症の支援を行うので、気が休まりません。毎年このキャンプに手伝いにやってくる先輩たちはアクティビテイ・ディレクターと呼ばれ、余暇のさまざまな活動を初めて参加する学生に指導します。

トレーニングのときと異なり、自閉症協会とTEACCHのスタッフは人数が少なくなり、質問があれば答えるといったスーパーヴァイザーの役割となります。

キャンプ中のスケジュールは以下の通りです。

　　午前
　　　8：15　　起床
　　　8：30　　朝食
　　　9：00　　寝室の清掃
　　　9：15　　広間での音楽
　　　9：45　　グループ1　アウトドア活動
　　　　　　　グループ2　インドア活動

10:15	おやつタイム
10:30	グループ1　インドア活動
	グループ2　アウトドア活動
11:00	プール
11:45	着替え
12:00	昼食
12:45	お昼寝（眠れない人はビデオ鑑賞）

午後
2:15	自閉症者を起こす
2:30	プール
3:15	着替え
3:30	ジュースタイム
3:45	グループ1　アウトドア活動
	グループ2　インドア活動
4:20	グループ1　音楽に合わせた体操
	グループ2　アウトドア活動
4:55	グループ1　インドア活動
	グループ2　音楽に合わせた体操
5:30	夕食
6:00	特別活動のための移動
6:15	特別活動
6:45	プールのための着替え
7:00	プール
7:30	シャワー
8:00	寝る準備
8:30	就寝

　参加者の1人にマイケルという28歳の青年がいました。彼は明るい自閉症で日本が大好きらしく、私を見つけては話しかけてきました。「芸者は歌って踊れるよね」とか「日本人はみん

【写真78　ピアノの弾き語りをするマイケル】

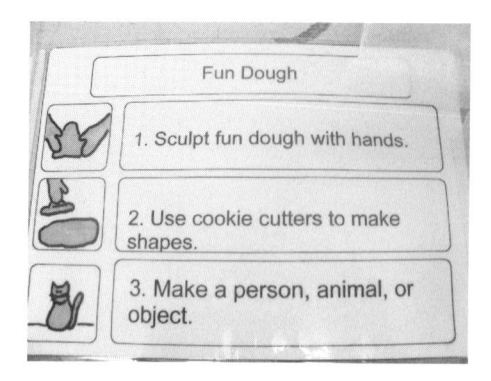

【写真79　アート（粘土細工）のワークシステム】

【写真80　場所を示すシンボル】

【写真81　次の活動場所を確認できるマッチングサイン】

な仏教徒だよね」など、私を見つけては付き添いの学生から離れてやってきました。

　そのとき、スーパーヴァイズのために参加していたTEACCHセラピストがマイケルはピアノが弾けるらしいからと教えてくれました。キャンプ場の講堂にあったピアノを弾かせてみると、なんとピアノに合わせてアメイジンググレイスを歌い始めました。

　キャンプでのインドア、アウトドアの活動は学生たちが中心となってサポートしますが、レジャーにも構造化のアイデアがさまざまに使われています。

　また、レギュラーキャンプは遠方からの参加者となるため、キャンプ場で寝泊りすることになります。

【写真82　構造化されたボーリングゲーム】

【写真83　洗面所のワークシステム】

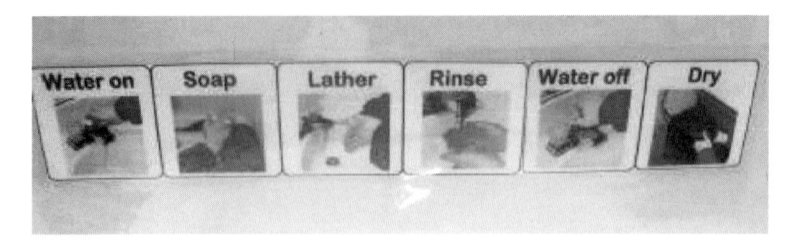

【写真84　洗面所での手洗いのワークシステム】

【写真85　おやつのチョイスボード】

【写真86　バレーボール】　　　　　　【写真87　パラシュート】

よって、生活においても構造化のアイデアが生かされています。

そのほかに、バレーボール（ボールを１回掴んでから投げ返す）、パラシュート、音楽に合わせて物のやりとりを行う屋内遊びなどのゲームが提供されました。

子どもも専門家も学生もみんなが楽しめ、そして勉強になるサマーキャンプでした。

【写真88　屋内遊び】

4　オールド・フレンズ

知的な障害を重複する自閉症成人のために、TEACCHセンターでは毎月１回、センターの業務が終わった夕方５時から"オールド・フレンズ"という集まりを開いています。

TEACCHセンターのセラピストやグループホームのサポーターを含め、毎回12人〜18人くらいの人たちが参加します。

オールド・フレンズではゲームをやったり、歌を歌ったり、ケーキやピザ

などを食べたり、自閉症に合ったさまざまなアトラクションが催されます。

サンクス・ギビング（感謝祭）やハロウィーン、クリスマスなどの特別なイベントのときは、それぞれ凝った内容になりますが、基本的には以下のようなスケジュールで実施されます。

1．塗り絵と単語探し
これは、早めにTEACCHセンターに来て、待つことが困難な自閉症の人が5時の開始までの待機時間に行うものです。
2．アップル・ティスティング
異なる色の4種類のりんごを食べて、どれがすっぱいか甘いか、あるいは輝いているかなどを尋ねたり、教えたりするゲーム。
3．ピザタイム
みんなのお楽しみ、コーラを飲みながら大好きなピザを食べる時間。
4．シンキング・タイム
セラピストの1人がギターを弾いて、音楽が好きな自閉症の人は歌ったり、踊ったりします。
5．アップル・パイ・アラモード
甘くて、美味しいアップルパイの時間です。
6．お片付け

すべてのスケジュールはみんなが見える位置に示されており、1つの課題が終わるたびに消していきます。

よって、ピザはいつ食べられるのか、アップルパイの時間は何のあとなのかといった見通しが持てるため、自閉症の人たちにとってはとても楽しみな余暇活動の1つがオールド・フレンズなのです。

Chapter 8

研　　　修

* * * * * *

　研究会や研修会もTEACCHの業務の1つですが、チャペルヒルで開かれる大きな研究大会としてはセラピストの研修を中心としたウィンター・インサービスと誰でもが参加できるメイ・カンファレンスがあります。
　また、メイ・カンファレンスの前日には2日間ほどインターナショナル・インサービスという海外でのTEACCH実践の発表会なども開催されています。
　これらの大きな研究大会以外に、小さなワークショップがそれぞれのTEACCHセンターで頻繁に開かれています。

1　地域センターにおけるワークショップ

(1) 高機能自閉症／アスペルガー症候群のワークショップ

　アッシュビルで開かれた高機能自閉症・アスペルガー症候群のワークショップは、アッシュビルTEACCHセンターの2名のセラピストが講師を担当しました。
　約30人の参加者の中には教師だけではなく、言語療法士や保護者が含まれており、一番印象に残ったのは以下のことばでした。
　「われわれの役目は、自閉症を治そうとするのではなく、自閉症と環境と

の間に架け橋を作ることです」。

　また、高機能自閉症にも構造化が有効だという講義で、ソーシャル・ワールド（社会をどのように理解させるか）という用語がよく出てきました。

（2）ソーシャル・ストーリーズワークショップ

　ソーシャル・ストーリーズとは、高機能自閉症／アスペルガー症候群の児童・生徒向けの文章によるルールの理解を促すものですが、この研修会の中で、一般の人が自動車とすると自閉症の人は「列車」であるという説明はとてもわかりやすいものでした。

　というのは、自由にどこへでもいける自動車とは異なり、列車はレールの上を走るため、いつ、どこに停まるかなどもわかっているため、混乱が生じないからだそうです。

　つまり、自閉症のこだわりから来るパターン化された動きが自動車では困難ですが、列車なら可能なため見通しが持てるからなのです。

（3）援助つき就労ワークショップ

　援助つき就労ワークショップは2日間にわたって行われ、施設職員、学校の教師、TEACCHのジョブコーチなどが参加していましたが、ジョブコーチ専任という人たちは少なく、施設職員が生活支援と就労支援を兼ねて支援している人たちが中心でした。

　セミナー初日は基礎講座で、講義として「自閉症、アスペルガー症候群の特徴」「成人のための構造化セッティング」があり、その後3人ずつの小グループに分かれて事例検討を行い、どのような構造化をすればよいかをまとめて発表しました。

　午後は講義として「視覚的な指導」「アセスメント」、そしてまた小グループに分かれて事例検討をしました。

２日目は応用講座で、具体的な就労支援の講義として「職場開拓」「プレイスメント（持ち場の配置）」「援助つき就労のモデル」「問題行動への対処」があり、そして実習で具体的事例における適切な支援のまとめと報告をするといった具合で、わずか２日間でしたが実のあるセミナーでした。

２　５デイズ・トレーニング (5days Training)

　５デイズ・トレーニングは読んで字のごとく月曜日から金曜日までの５日間みっちりとTEACCHの哲学からアセスメント、コミュニケーション、構造化などのトレーニングをすることですが、座学ではなく実際に自閉症のお子さんから成人までの協力者と関わりながら実践的なトレーニングを受けます。

　その日のスケジュールは写真のように、壁に張られており受講生も１日の見通しが持てるようになっています。

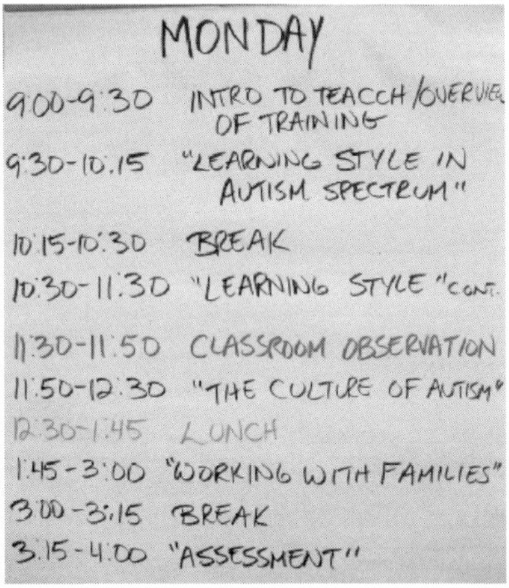

【写真89　５デイズ・トレーニング月曜日のスケジュール】

　トレーニングルームは写真のように自立課題を行うところ、プレイエリアなどが構造化によって示されています。

　５デイズ・トレーニングは、各地域センターによって異なるようですが、アッシュビルTEACCHセンターでは夏に４回、春に１回の計５回実施されています。

　私は受講生として１回、そしてシャドウというトレーナーの助手として２回ほどお手伝いさせていただきましたが、参加者は教師だけではなく言語療

【写真90　自立課題エリア１】

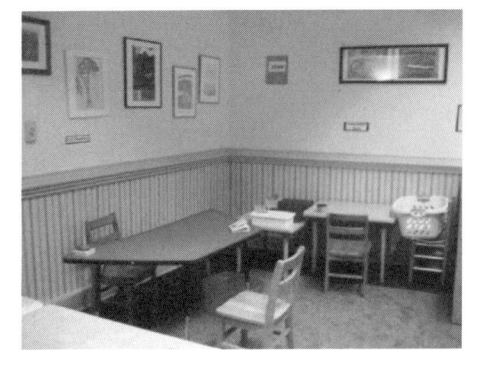

【写真91　自立課題エリア２】

法士や臨床心理士など、またイギリスやカナダなどの外国からの参加者も多く、TEACCH支援のニーズの高さがうかがえました。

　その５デイズ・トレーニングにおいて、初日（あるいは２日目）にかならず行われるのが保護者パネルです。大体３名の自閉症のお子さんを持つ保護者が、自分のお子さんのこと、学校や施設、就労へのニーズなどを報告されますが、その多くが「早期の診断」「学校における構造化指導の導入」「成人期の居住や就労支援」に絞られます。青年期には二次障害として神経症や精神疾患を発祥する高機能自閉症／アスペルガー症候群の人が多いので、周囲の人たちに理解してもらえるような啓発活動を行って欲しいというニーズがどの保護者の方にもありました。

3　ウィンター・インサービス

　インサービスとは教師やセラピストなどの現場の職員のことを意味し、ウィンターと示されているように毎年２月に３日間にわたって開催されま

初日は午後にTEACCHセンターセラピスト50名から60名に対する、強迫性障害の講義、夕方から食事をしながらTEACCHの創設者の1人であるライヒラー博士の診断の原理と目的についての講演がありました。

　2日目以降はいくつかの分科会に分かれているため、それぞれ自分の好きな分科会に参加できます。

　私は展示コーナーでPECSによるストーリー・ブックや絵で示された歯の磨き方などを見学しました。

　PECSとは、Picture Exchange Communication Systemと呼ばれるもので、絵や写真を用いてコミュニケーションを図る構造化されたツールの1種ですが、単に1つの意味を示すのではなく、文章の流れになっているため、それをまとめたものはストーリー・ブックと示されます。

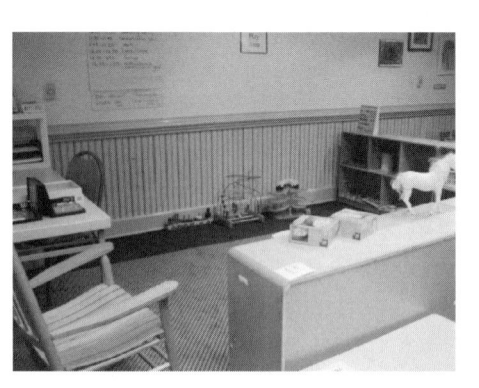

【写真92　プレイエリア】

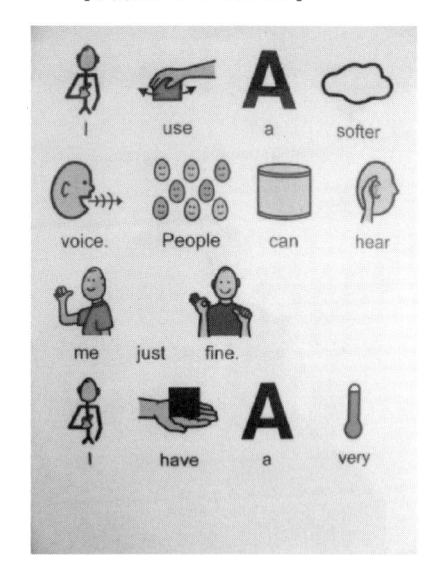

【写真93　ストーリー・ブック1】

　午後からはグリーンズボロTEACCHセンターの就労支援の発表や保護者による子育てについての発表、シャーロットTEACCHセンターの、学校から社会への移行支援などの分科会に参加しました。

【写真94　ストーリー・ブック2】

【写真95　ストーリー・ブック3】

　ウインター・インサービス3日目は、午前中だけでしたが、9時から高機能自閉症のSCIT（スキット）のワークショップに参加しました。
　SCITとは、Social Cognition and Interaction Trainingの略で、従来のソーシャル・スキル・トレーニングからアレンジされ、社会を認知（理解）した上で人との関わり方をトレーニングすべきだという内容でした。
　続いて作業療法を使った支援、問題行動と構造化などの話を伺いました。

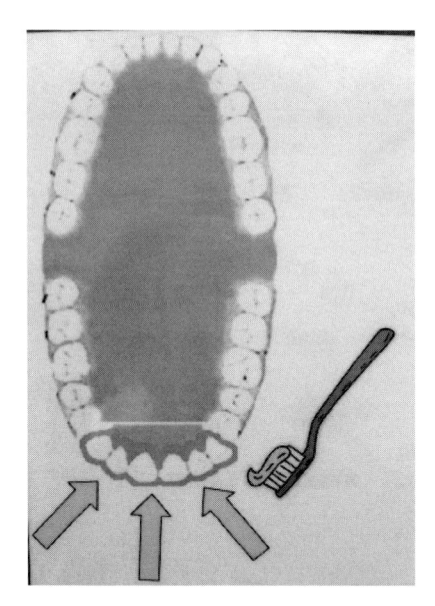

【写真96　絵で示された歯の磨き方】

4　メイ・カンファレンスとインターナショナル・インサービス

　TEACCH部最大の研究大会は、5月に開かれるメイ・カンファレンスです。メイ・カンファレンスに先立ちインターナショナル・インサービスが2日間開催されますが、その初日はノースカロライナ大学医学部精神科教授でTEACCH部部長のゲーリー・メジボフ氏の「エビデンス（根拠）をベースにした実践」講演から始まり、「CARS-HF（高機能自閉症の診断検査）」、「TTAP（TEACCH移行アセスメントプロフィール）」、「学校における構造化」などのワークショップに参加しました。

　インサービス2日目は、「高機能自閉症者のSCIT」、「不安の消去と柔軟性の指導」「自閉症はなぜそのような行為をするのか。問題行動と構造化」な

第8章　研　　修　　103

どの講義を受講しました。

メイ・カンファレンスは、現場の発表というよりもより大きな視野での研究発表といった感じでした。

講演内容は、「自閉症の反復行動に関する介入の仕方」「自閉症の早期診断」等で、その後各講演者のグループに分かれて別会場でのディスカッションがありました。

【写真97　メイ・カンファレンスの講演風景】

２日目は、「自閉症の脳の発達」「自閉症児の乳児期の兄弟姉妹」などの講義でしたが、２つ目の講義で面白かったところは、生後半年くらいの赤ちゃんでも、名前を呼びかけたところ、返事をする子としない子のビデオ画像が紹介されました。返事の有無によって、生後半年くらいから自閉症スペクトラムの特徴が診断できるというのはとても面白い発表でした。

Chapter 9

その他

1 権利擁護

　オールド・フレンズが知的障害を伴う自閉症の人に対する余暇兼ソーシャルスキルだったのに対し、高機能自閉症／アスペルガー症候群の成人の人たちのために、ソーシャル・グループという集まりが、やはりセンター業務の就労後の5時からひと月に2回ほど実施されています。

　ソーシャル・グループの目的は、青年期以降の高機能自閉症／アスペルガー症候群へのサポートなのですが、実際には権利擁護に関する支援が増えてきています。

　TEACCHセンターのセラピストたちが、ピザを食べながらセルフ・アドボカシー（権利擁護）についての話し合いをします。

　アドボカシーというのは、「自分のことや考えを、人に主張したり、要求したり、ときには助けを求めること」といわれており、成人生活の中で対人関係の不得手な高機能自閉症／アスペルガー症候群の人たちはいろいろなトラブルに巻き込まれることがあるため、そのときの対処の仕方を学習することがメインとなっています。

　参加者は、毎回大体決まっており、多いときで4〜5人、少ないときには2人くらいのときもあります。

ある日のソーシャル・グループでは、セラピストが図でセルフ・アドボカシーの説明をし、それについて当事者の人たちが答えるかたちで進んでいきました。

　セルフ・アドボカシーでは、セルフ・ナリッジ（自己を認識すること）、コミュニケーション、そして環境受容（どのように与えられた環境を受容するか）の３点を中心に話し合いました。

　また、当事者だけではなく、彼らの保護者を集めた学習会も定期的に実施されますが、その場合は主に研修会形式のため、15人～20人くらいの人たちが参加します。

2　研究（早期診断、新しい検査ツールの開発）

　研究はメイ・カンファレンスでも示されたように、早期診断からさまざまなアセスメントツールの開発などを手がけています。

　また、遺伝や人種による違いやワクチンと自閉症の関係など広範囲にわたっています。

3　研修生の受け入れ（長期、短期）

　研修生はわれわれのように１年間という長期にわたっての研修生の受け入れから、短期の見学にいたるまで、チャペルヒルのTEACCHセンターが窓口となってさまざまなニーズに応えてくれています。よって、TEACCHの幼児期のプリスクールや学校、就労支援などの何を見たいか、どれくらいの期間かということを伝えることによって、もっとも適した研修をアレンジしてくれます。

4　自閉症協会（親の会）

　ノースカロライナには ASNC: Autism Society of North Carolina（ノースカロライナ自閉症協会）という親の会があり、州内に10の支部を持っています。

　アッシュビルには、アッシュビル-バンカム（郡の名前）支部があり、研究大会、ピクニックやマラソン大会などのイベント、研修会、地域やメディアへの啓発活動、出版および書籍販売などいろいろな活動をしています。

　直接的な自閉症者および保護者支援としては、「権利擁護」「余暇支援」「就労支援」「デイサービス」「地域生活支援」などを行っています。

　機関紙の1つとして Puzzle Pieces（ジグソーパズルの絵が描かれている）というニュースレターを出しており、ここには地域でのイベント、権利擁護の情報、問題解決事例、困ったときの援助機関の案内などが記されています。その中で毎回1人ずつ事例が出ているのですが、その1例を紹介したいと思います。

　「ローレンは21歳の若い女性で、アッシュビルの高校を2004年に卒業しました。彼女は両親と2匹の猫、それにムースと名づけた黄色いコンピューターと住んでいます。お父さんはベルサウスというところで支配人の仕事をしていて、お母さんは自閉症協会でジョブコーチおよび地域生活支援者として働いています。

　ローレンはシャーロットの TEACCH センターで診断を受けました。彼女は16歳のときに"高機能自閉症／アスペルガー症候群"と診断され、この診断で両親はとてもホッとしました。この診断が出てから両親はシャーロットから車で2時間半ほどかかるアッシュビルの学校に転校させることに決めました。というのはそれまでに住んでいたところの学校の先生は、ローレンについて否定的なことばかり言っていたからです。

結果的に転校は成功でした。ローレンと両親はTEACCHセンターからのサポートを非常に喜びました。
　ローレンは現在２つの素晴らしい仕事をしています。１つは（これは毎週１日だけですが）なんと自閉症協会の電話受付業務をしているのです。ほかに週２日マーケティング会社でデーター入力の仕事もしています。余暇としてローレンは週１回スポーツジムに行っており、彼女はそこで泳ぐのが大好きです。また、彼女は陶芸にも興味を持っており、チョウチョの飾りなどを作っています。家庭では「７番目の天国」という一般の家族が出てくるテレビ番組が大好きで、ほかに音楽を聴いたりしています。
　ただ、ローレンには自閉症としての課題がたくさんあります。ローレンは音に敏感で、大きな声を聞くとかんしゃくを起こし、それを沈めるには大変な時間がかかります。また、車に乗るのも嫌がります。なぜなら彼女は他の人たちが自分を見ていると感じるからだそうです。彼女は強迫的に何度も人に質問をします。その答を知っているのにもかかわらずです。しかし、彼女は自閉症としての長所も持っています。障害のある人に親切なのです。彼女は自閉症の人たちは悪意がないと感じています、彼らは急な変更などはしないからです。ローレンには沢山の友人がいます。これは自閉症協会のソーシャルグループに参加してできた友だちです。この仲間には高校時代のクラスメートもいます。彼らとはとても親しくつきあうことができていますが、解決しなければならない問題も残っています。しかし、保護者の援助でそれらの問題も徐々に解決されて来ています。」

仕事と余暇が両立できていて、素晴らしい内容です。

【写真98　自閉症協会のワークショップ】

第9章　そ の 他　109

Chapter 10
自閉症の人の支援に関する
ノースカロライナに学ぶ点

✶ ✶ ✶ ✶ ✶ ✶ ✶

1 診　　断

　わが国では、自閉症の診断ができる専門の児童精神科医が少ないといわれています。ノースカロライナでは医療機関だけではなく、自閉症の専門の研修を受けたセラピストのいるTEACCHセンターで診断を受けることができます。

　診断＝医療機関という発想ではなく、わが国でも発達障害児に詳しい臨床心理士も診断することができるようにするべきと考えます。

　そのための機関としては、全国に設置されつつある「発達障害者支援センター」がその役割を果たすことができるでしょう。

　ただし、そのためには発達障害に詳しい専門家を育てなければなりません。きちんとした研修とそれに伴う専門家としての資格取得を行うことにより、早期に低費用で診断を受けることができるシステムが必要だと考えます。

2　発達障害者手帳

　診断というのは、その人に○○障害とか○○病というレッテルを貼るので

はなく、診断に基づいた治療や教育、福祉的なサポートがなされなければ意味がありません。

　身体障害、知的障害、精神障害といった３障害同様、自閉症やアスペルガー症候群に対しても「発達障害者手帳」という福祉的なサポートを受けることができる手帳が提供されるべきです。

　ただし、手帳の等級については慎重に検討する必要があるでしょう。

　自閉症スペクトラム障害の場合、以下の点が考えられます。
- 知的に重度の自閉症から高機能自閉症・アスペルガー症候群まで範囲が広い。
- パニックや他害、自傷等の問題行動を有している人もいる。

　よって、現段階では重度と軽度の二分くらいが適切かもしれませんが、いずれも、環境との関係で何が問題なのかを評価すべきであり、医療・教育・福祉などの関係の専門家の意見をまとめる必要があるでしょう。

3　学校教育

　平成19年度から始まった特別支援教育の広がりによって、従来普通学校、普通学級に通っていた高機能自閉症／アスペルガー症候群の子どもたちに対して、さまざまな特別支援教育が実施されるようになってきました。

　しかし、障害のある子どもだけに行うのが障害児教育ではありません。健常の子どもに対する早期からの障害児理解教育を（道徳の時間などに）行うことも広い意味では特別支援教育なのではないでしょうか。小学校の低学年であれば、絵本などによっていろんな子どもたちにいろんな個性があるということを教えることができます。また高学年になってきたら児童文学や映画などで説明することも可能になってくるでしょう。アッシュビルカソリッ

クスクールのように「アスペルガー症候群の理解」のビデオを見せるのも効果があるかもしれません。

そして、自閉症児童・生徒が主体となる IEP（個別教育計画）を保護者および学外の専門家を交えて計画し、中学生になればその後の社会参加を考えた ITP（個別移行計画）も計画されるべきだと思います。具体的な学校内での教育においても、自閉症スペクトラムと診断された児童・生徒に対しては、教科教育のみではなくソーシャルスキル（社会的スキル）の授業の割合を多くすることも検討すべきでしょう。

統合教育に関しては、将来的にノーマライズされた成人期を迎える上で、学校教育で障害に特化した教育もときに必要になることがあります。単にインクルージョンしただけでは、教育の効果は得られません。

また、教師もどのように対応すべきかわからない場合も出てくるでしょう。よって、児童・生徒主体の柔軟な体制で臨まれるべきです。

4　就労支援

成人期移行の自閉症スペクトラムの人たちへの支援は、わが国ではきわめて少ない現状です。とりわけ、就労支援では知的障害者のようにジョブコーチがついた就労なども必要になってきます。

よって、就労支援の専門家（ハローワーク職員、障害者職業センターカウンセラー、ジョブコーチ等）に自閉症や発達障害支援の研修を行う必要があります。

知的障害を伴う自閉症の人の対応については施設職員の研修も同様です。知的に障害を伴わない場合は、専門学校、高校、短大、大学での啓発、研修、コンサルテーションなど必要となってくるでしょう。

手帳が取得できた場合には、障害者雇用率および障害者助成金の対象者と

なるため、手帳取得と就労支援はきわめて関連するものとなります。

5　居住支援

　自閉症の人たちの中でも知的障害を伴う場合にはグループホームでの生活が必要な場合があります。そして自閉症の特質に合わせたグループホームおよび世話人に対する研修なども行う必要があります。
　また、アパート暮らしを希望する場合は、衣・食・衛生管理のためのサポーターをつける必要があります。アパート暮らしの場合は、外部からの勧誘などの対応にも支援が必要となるので、その地域に特化した支援のチェックリストを作り、それに基づいたきめの細かい支援の準備をすることが大切です。
　親亡き後の兄弟、親類に負担をかけないための支援方策として、できれば、親が元気なうちに自宅から離して生活するスキルを身につけるように教育との関連も大切になります。

6　余暇支援

　本文の中にも記したように、余暇を余った時間だから自分の好きなようにしてもいいというような考えではなく、学校時代から余暇の楽しみ方を教育しておく必要があります。
　学校在学中は学校内で余暇を楽しむことができたとしても、成人に達した自閉症の人たちは自分で余暇を楽しむことが少なくなるでしょう。TEACCHのオールド・フレンズのように、余暇をサポートするサポーターが必要です。
　余暇を野放しにすると、ギャンブルやアルコールを過度に摂取するケースが出現しないとも限りません。
　余暇指導の専門家としてリクリエーショナルセラピスト、レジャーサポー

ターなる専門職を養成することも今後大切なことになってきます。

7　生活支援

　アパートにおける居住支援とも関連しますが、高機能自閉症／アスペルガー症候群の人の中には、化粧品を買わされた事例や宗教団体に入らされた事例などがあります。また、万引きの仲間にされたり、小さな子どもを連れまわしたなどの犯罪の事例も出てきています。

　これらは、何をどのようにしたらいいかわからなかった、見通しが持てなかったという自閉症独特の特徴から生じた場合もあります。自立というと、何でもひとりでできることという誤った概念があるようですが、本人のニーズと適切なサポートの整合性が必要です。

　さらに、通勤、居住、食生活、医療・保険、衛生管理などのサポートも検討する必要があります。彼らの集まりやすい場を設定したり、何かあったら相談できる場所を提供するなど、どのような支援においても、自閉症に詳しい専門的な研修を受けた人たちが対応すべきだと考えます。

　2007年2月に米国の"USA TODAY"という新聞で発表された米国の自閉症の発症率は150人に1人となっています。わが国の人口比で考えると約80万人の自閉症の人たちがいることになります。

　文部科学省が全国の小・中学校にアンケートを行った特別支援教育対象者の中で、自閉的な傾向を有する子どもは0.9％となっています。この割合では、約108万人となります。年代によるバラツキもあるでしょうから単純計算が必ずしも該当するとは限りませんが、実に多くの自閉症の人たちが何のサポートも受けていなかったり、あるいは自閉症の特性に応じたサポートではなかったりしている現状です。

　ノースカロライナは世界でもっとも自閉症の人のサポートが進んだところ

といわれており、世界中から学びにやってくる人が増えてきています。この素晴らしいサポートを日本に紹介し、アレンジしていけることが著者の望みでもあります。

著者紹介

梅永　雄二（うめなが　ゆうじ）

1955年7月1日生まれ
筑波大学大学院修士課程教育研究科障害児教育専攻
職歴：雇用促進事業団身障部（現高齢・障害者雇用支援機構）障害者職業センター障害者職業カウンセラー1983年4月～1995年3月、研究員1995年4月～1998年3月、明星大学人文学部心理・教育学科　専任講師1998年4月～2000年3月　助教授2000年4月～2003年3月、宇都宮大学教育学部　教授2003年4月～現在
現在：宇都宮大学教育学部特別支援教育専攻教授
主著：『自閉症者の職業リハビリテーションに関する研究』（風間書房）、『青年期自閉症の人へのサポート』（岩崎学術出版）、『自閉症の人のライフサポート』（福村出版）、『自立をめざす障害児者教育』（福村出版）、『こんなサポートがあれば1、2』（エンパワメント研究所）、『LDの人の就労ハンドブック』（エンパワメント研究所）、『障害児者の教育と生涯発達支援』（北樹出版）

読者へ一言メッセージ

　発達障害のある人の居住・余暇および就労支援などの社会参加に関する研究をしています。
　自閉症の人への支援については米国ノースカロライナ大学へ1年間留学し、TEACCHプログラムにおける支援技法を学習してきました。
　地元栃木で専門家および保護者と協同し、TODDS（栃木発達障害研究会）を立ち上げています。
　URLは http://homepage3.nifty.com/todds/ です。

自閉症の人の自立をめざして
〜ノースカロライナにおけるTEACCHプログラムに学ぶ

2007年11月15日　初版第1刷発行
2008年10月20日　初版第2刷発行

著　者　梅永　雄二
発行者　木村　哲也

定価はカバーに表示　印刷　恵友社／製本　川島製本

発行所　株式会社　北樹出版
〒153-0061　東京都目黒区中目黒1-2-6
URL：http://www.hokuju.jp
電話(03)3715-1525(代表)　FAX(03)5720-1488

©Yuji Umenaga 2007, Printed in Japan　ISBN 978-4-7793-0119-3
（落丁・乱丁の場合はお取り替えします）

遠藤健治 著
SPSSにおける分散分析の手順
[改訂版]

実験研究および調査研究において不可欠のデータ解析法であり、研究計画そのものともいえる分散分析に関し、本書はSPSSを用いて分散分析を行う際の手順を図表を多数収録してきわめて、簡明に解説。
A5上製 163頁 1600円 (880-1) [2002]

深谷澄男 著
心理学と教育実践と自閉的障害
〈主体促進の実践Ⅰ〉

実践者と障害者が生身のまま関わりあって閉塞しているコミュニケーションを開いていくことを主題とする教育実践の心理学的研究の立場から行ってきた著者の自閉症児に関する詳細な教育実践研究報告。
A5上製 392頁 2500円 (653-1) [1998]

深谷澄男 著
身体と動きの心理学
実践力の基礎がため
〈主体促進の実践Ⅱ〉

障害児(者)に対する実践者の実践力を高めることを意図として、多数の写真・図版を挿入し、その基礎がためを促進するための身体の動き方に関する理法と技法をきわめて具体的・平易に紹介した手引書。
A5上製 250頁 2300円 (695-7) [1999]

深谷澄男 著
心理学を開く
障害との出会いと係わりあい
〈主体促進の実践Ⅲ〉

豊富な諸知見をもとに、障害に対する教育的働きかけに必要な理法を解説しつつ、技法を分かりやすく紹介する。より具体的な理解を促すよう、多数の範例、図表を掲載し、初学者にも親しみやすい案内書。
A5上製 504頁 2600円 (744-9) [2000]

深谷澄男 著
Q&Aで学ぶ基礎
心理学の考え方と扱い方

心理学の基礎的知識と問題に関する「考え方」と「扱い方」についての基本的な訓練を質疑と答案方式で与えることを意図とする。能動的の質疑応答を重ねてゆくゼミ形式の授業に最適の入門テキスト。
A5上製 216頁 2200円 (844-5) [2002]

若島孔文・都築誉史・松井博史 編著
心理学実験マニュアル
SPSSの使い方からレポートへの記述まで

卒論や臨床心理士になるために必要な心理学実験に対し、SPSS等基本的統計ソフトを中心に入力方法から解説する初心者向けマニュアル。レポート提出の際の記述方法から留意事項までに目を配らせる必携の書。
A5並製 142頁 1600円 (0001-0) [2005]

マックレオド, ブランケット, ロールズ 著
深谷澄男 監訳
認知過程のコネクショニスト・モデル

ウィンドウズのパソコンで動くシミュレータの[tlearn]で代表的な研究の成果をシミュレーションしながら、コネクショニストモデルの考え方と扱い方を段階的に解説。より分かりやすく解説を適宜補い翻案。
B5並製 428頁 4200円 (0008-8) [2005]

伊藤尚枝 著
認知過程のシミュレーション入門

脳の処理過程のシミュレーション研究の基本的な考え方と扱い方を初学者向けに紹介・解説した入門書。実際パソコン上でシミュレータ[tlearn] (プログラムは別送) を使用しながら学べるよう工夫されている。
B5並製 208頁 2600円 (0012-6) [2005]

中園正身 著
樹木心理学の提唱と樹木画法への適用

人類誕生以来、樹木は自然及び人工的環境としても人間の心と行動に多大の影響を与えてきた。その関わりの重要性から樹木と人間の関係性を組織的に研究する「樹木心理学」を提唱してきた筆者による初の研究書。
A5上製 164頁 2400円 (0022-3) [2005]

平木典子・袰岩秀章　編著
カウンセリングの基礎
臨床の心理学を学ぶ

臨床心理学の歴史を概観し、人格論と発達論から人間の変化についての基礎知識を要説。臨床実践での人間関係や援助の相互作用に重点をおき最新の理論と技法を紹介する高水準の「基礎」が身につく好著。
A5上製　222頁　2400円（606-X）　［1997］

平木典子・袰岩秀章　編著
カウンセリングの実習
自分を知る、現場を知る

心理学の基礎の上に実践知を統合するカウンセリングの訓練に不可欠な実習について、①カウンセラー自身の自己理解、②カウンセリング実践の現場理解という二つの面から読者が追体験しうるよう紹介。
A5上製　220頁　2400円（668-X）　［1998］

平木典子・袰岩秀章　編著
カウンセリングの技法
臨床の知を身につける

カウンセリングの基礎・実習を踏まえ、具体的に技法を見につけるために、面接の技法・アセスメントと記録の技法・家族や連携の技法等を紹介しながら、さらにその技法に結実した思想と理論を展開する。
A5上製　222頁　2400円（822-4）　［2001］

ヴァージニアE・リャードソン著　吉井　弘訳
退職カウンセリング
退職者のための手引き

退職後に人びとが悩んでいる諸問題にカウンセラーの意識を向けさせること、退職者がこれらの諸問題に対処する助けとなるような調停段階を示唆することを目的にまとめられた退職カウンセラーの最新手引き書。
A5上製　228頁　2500円（884-4）　［2002］

岡本重慶　著
知られざる森田療法
日仏交流の軌跡

日仏で精神医学の研究を積み重ねてきた著者が精神療法である森田療法を、日仏比較を交えつつ論究したユニークな好著。森田療法の基盤にある日本の文化・精神にも触れた意欲作。また本書仏訳も収録。
A5上製　214頁　3500円（0077-6）　［2007］

深谷澄男　著
自閉症に働きかける心理学　1
理論編

著者主宰「知覚・言語障害教育研究所」での自閉症児への教育実践を元にした理論化の試み。自閉症の最新の知見を紹介するとともにコネクショニスト・モデルを使った研究成果と新たな理論展開を提示。
A5上製　374頁　2700円（0057-6）　［2006］

千丈雅徳　著
基礎精神医学
看護・介護・言語・保育・福祉・心理・作業療法・産業カウンセリング・医学徒のための

心の問題を複眼的に見つめたバランスのとれたテキスト。豊富なデータや症例を基に、脳のハード・ソフト両面の構造から、精神病理現象と治療法を詳説。さらに社会の中での具体的なメンタルヘルスを解説。
四六上製　198頁　2200円（596-9）　［1997］

喜田安哲　著
データ分析とSPSS　1
（基礎編）

統計ソフトのSPSSを利用して統計学に準拠したデータ分析の初歩から中級の段階へ解説と演習を進める。代表値と散布度、2つのデータの差の検定と相関、ノンパラメトリック統計、質問紙の作成法を1で扱う。
B5並製　370頁　2700円（0029-0）　［2005］

喜田安哲　著
データ分析とSPSS　2
（展開編）

基礎編の習得を前提にデータ分析に関する解説と演習をまとめる。統計技法を活用する立場からウィンドウズの統計ソフトSPSSを導入して初学者のためにていねいな解説を付した実用書を兼ねた入門書。
B5並製　394頁　2700円（0049-5）　［2006］

濱口佳和・宮下一博　編著
子どもの発達と学習
〈子どもの心を知る　第1巻〉

発達の基礎概念、心身の諸側面の発達過程、教育の場での関わりと構造などを、豊富な図表や用語解説を織り込み詳説する。また随所に設けられたトピックでは教育をめぐる興味深い最新問題を取り上げる。

A5上製　211頁　2200円（591-8）　[1997]

弘中正美・濱口佳和・宮下一博　編著
子どもの心理臨床
〈子どもの心を知る　第3巻〉

いじめ、不登校、家庭内暴力など問題山積の子どもの心に焦点をあて、臨床心理学に関する正しい認識と知識をもつことを通して子どもの心の問題を見つめる目を養ってもらうことを意図としてまとめられた好著。

A5上製　228頁　2300円（715-5）　[1999]

宮下一博・河野荘子　編著
生きる力を育む生徒指導

第1部で生徒指導の内容や意義、方法、教育相談、進路指導、不適応行動に対しての要因や具体的内容を解説。第2部で不登校、いじめ、非行、学習不適応、発達障害、精神障害等の問題の実例、要因等を記述する。

A5上製　218頁　2400円（991-3）　[2005]

伊藤良高　著
子どもの環境と保育 [新版]
少子化社会の育児・子育て論

少子化の進行と共に子どもをとりまく環境づくりと子育て支援のあり方が問われるようになってきている。現代保育に関わる諸問題を実践と環境の両面から考察し社会のはたすべき責任を鋭く問いかける。

A5上製　192頁　2200円（815-1）　[2001]

住田正樹・高島秀樹　編著
子どもの発達と現代社会
教育社会学講義

日常生活の中で経験される身近かな教育問題、子どもの社会化過程にかかわる諸問題をとり上げて、多数の資料を挿入しつつ、広い視点から具体的に論及し、平易に解説する。教育社会学を学ぶ人たちの最新の入門テキスト。

A5上製　248頁　2400円（874-7）　[2002]

榎本博明・飯野晴美・宮嶋秀光　編著
教育心理・生徒指導のキーワード

発達や性格、臨床領域などのほか、教育心理や生徒指導に関わる領域の基礎用語に子どものよき理解者となるには何が必要なのかにまでふみこんだ、より生き生きした教育活動の展開にむけた実践的解説を付す。

四六判製　280頁　2700円（667-1）　[1998]

渡辺弥生・丹羽洋子・
篠田晴男・堀内ゆかり　著
学校だからできる生徒指導・教育相談
[改訂版]

近年の子ども、学校をめぐる様々な問題に対処すべく、こころのケアを考える。教師の考え、立場を考慮しつつ、いかに子どものこころを知り、発達をふまえた対応をしてゆくかを具体的に分かりやすく説き明かす。

四六並製　256頁　2300円（0033-9）　[2006]

若島孔文　編著
犬と家族の心理学
ドッグ・セラピー入門

ドッグ・セラピーの研究理論を実践例、事例を交えつつ概説。またより良いコミュニケーションに向け、心理学的見地から犬及び犬種の特性を捉えつつ具体的に解説。ペットロスの要因やケアについても詳説。

A5並製　104頁　1700円（0087-5）　[2007]

伊藤亜矢子　編著
学校臨床心理学
学校という場を生かした支援

スクールカウンセラー、特別支援コーディネーター等は学校でどのような支援や工夫が可能なのか。校内心理職をどう活用すれば良いのか。実践に結びつく基本的な知識を概説すると共に現場における具体実践例を紹介する。

A5並製　162頁　1800円（0099-8）　[2007]